Andrea Englisch

Kinderschutz und beteiligte Institutionen

Wie gelingt die
erfolgreiche Zusammenarbeit?

Diplomica Verlag GmbH

Englisch, Andrea: Kinderschutz und beteiligte Institutionen: Wie gelingt die erfolgreiche Zusammenarbeit? Hamburg, Diplomica Verlag GmbH 2013

Buch-ISBN: 978-3-8428-6315-6
PDF-eBook-ISBN: 978-3-8428-1315-1
Druck/Herstellung: Diplomica® Verlag GmbH, Hamburg, 2013

Bibliografische Information der Deutschen Nationalbibliothek:
Die Deutsche Nationalbibliothek verzeichnet diese Publikation in der Deutschen Nationalbibliografie; detaillierte bibliografische Daten sind im Internet über http://dnb.d-nb.de abrufbar.

© Diplomica Verlag GmbH
Hermannstal 119k, 22119 Hamburg
http://www.diplomica-verlag.de, Hamburg 2013
Printed in Germany

ich **danke**

allen Beteiligten des Leipziger Netzwerks für Kinderschutz sowie
deren Koordinatorin,

Prof. T. Klemm für die schnelle Zusage zur Unterstützung,

S. Scholz für die Gespräche über ihre artverwandte Untersuchung,

V. Spiel für die motivierenden Kaffeestunden

und

G. Rößler für die Korrektur und alles andere.

INHALTSVERZEICHNIS

1   EINLEITUNG

Die frühe Kindheit ist die bedeutsamste Phase des Lebens, die Auswirkungen auf die gesamte weitere Entwicklung hat. Zahlreiche Studien belegen, welch schwerwiegende Folgen Versäumnisse in der gesundheitlichen oder sozialen Betreuung nach sich ziehen können (The NICHD Early Child Care Research Network, 2005). Aus diesem Grund sind belastete Eltern mit Kindern zwischen 0 - 3 Jahren in besonderem Maße auf so genannte Frühe Hilfen angewiesen, die die Chancen für ein gesundes Aufwachsen nachhaltig steigern sollen. Wie im Entwurf zum Bundeskinderschutzgesetz zu lesen war, hat der Kinderschutz in Deutschland „ ... in den letzten Jahren auf Grund der verbesserten Rechtsgrundlagen im Achten Buch Sozialgesetzbuch ... sowie im Kindschaftsrecht des BGB, der Aktivitäten der Länder im Rahmen von Kinderschutzgesetzen und Modellprogrammen, vor allem aber der konsequenten und nachhaltigen Qualifizierung der örtlichen Praxis in den Jugendämtern und bei den freien Trägern ein hohes Niveau erreicht" (Bundesregierung, 2011, S. 1). Dabei darf jedoch nicht aus den Augen verloren werden, dass zeitgleich angesichts vererbter Exklusionslagen zunehmend häufiger komplexe Problemstellungen auftreten, die oft nur mit Hilfe öffentlicher Institutionen zu bewältigen sind (Stadt Leipzig, Der Oberbürgermeister & Jugendamt, 2010). Diese weisen jedoch bereits innerhalb ihrer Systeme eine hohe Spezialisierung und Aufgabenteilung auf und benötigen bei der Kooperation untereinander ihrerseits tatkräftige Unterstützung.

Im Bundeskinderschutzgesetz, das am 1. Januar 2012 in Kraft trat, wurde aus diesem Grund u. a. der Aus- und Aufbau flächendeckender Netzwerke im Bereich der Frühen Hilfen verankert. Als zu beteiligende AkteurInnen sind dabei explizit alle relevanten Institutionen wie Jugendämter, Gesundheitsämter, Sozialämter, Schulen, Beratungsstellen, Polizei, Familiengerichte usw. aufgeführt. Doch bereits in den vorangegangenen Jahren gab es zahlreiche Ansätze von Bund und Ländern, Kooperationen der Unterstützungssysteme auf dem Gebiet des Kinderschutzes zu etablieren. Zu nennen wären hierbei das Modellprojekt "Frühe Hilfen für Eltern und Kinder und soziale Frühwarnsysteme" (Laufzeit

2006 - 2010) des Bundesministeriums für Familie, Senioren, Frauen und Jugend und die Gründung des „Nationalen Zentrums Frühe Hilfen" im Jahr 2007. Letzteres dient vor allem als Informationsplattform über die gesammelten wissenschaftlichen Erkenntnisse im Bereich Früher Hilfen. 2008 fand eine Konferenz von Bund und Ländern mit dem Titel "Starke Netze für Kinder und Eltern knüpfen" statt, die ebenfalls Beschlüsse zur Einführung sozialer Frühwarnsysteme und Unterstützung dafür erforderlicher Vernetzungsstrukturen zum Ergebnis hatte.

Nachfolgend entstanden in allen Bundesländern verschiedene Netzwerke für Kinderschutz, so z.B. in vier sächsischen Gebietskörperschaften im Rahmen eines von der Landesregierung finanzierten Modellprojekts unter der Aufsicht des Felsenweg-Instituts der Karl Kübel Stiftung. Leipzig wurde als einer der Projektstandorte ausgewählt und beim Aufbau von Kooperationsstrukturen der relevanten Institutionen bis Ende 2011 begleitet. Das Leipziger Netzwerk für Kinderschutz umfasst derzeit 43 Mitglieder, die sich auf halbjährlichen Netzwerkkonferenzen austauschen und in verschiedenen Qualitätszirkeln wie „Öffentlichkeitsarbeit" oder „Standardisiertes Informationssystem" einbringen können. Die Leitung liegt in den Händen einer multidisziplinären Projektgruppe und einer dem Jugendamt zugehörigen Koordinatorin, deren Stelle auch über die Projektlaufzeit hinaus aus kommunalen und Landesmitteln dauerhaft finanziert werden soll.

Wie in zahlreichen anderen Publikationen auch, wird im 13. Kinder- und Jugendbericht (Bundesministerium für Familie, Senioren, Frauen und Jugend, 2009) die Bedeutsamkeit einer systematischen Evaluation aller Maßnahmen auf dem Gebiet der Frühen Hilfen betont, um die Angebote auf eine empirisch abgesicherte Basis zu stellen. Das Leipziger Netzwerk für Kinderschutz wurde durch das Institut für angewandte Weiterbildungsforschung e. V. drei Jahre lang wissenschaftlich begleitet, allerdings erfolgte die Beurteilung ausschließlich aufgrund Dokumentenanalysen, Interviews mit der Projektkoordinatorin und die Befragung von zehn ausgewählten NetzwerkpartnerInnen. Eine Vollerhebung ließ sich im Zuge der Begleitforschung aus Kostengründen nicht realisieren.

2008 wurde aus diesem Grund an die Autorin der Wunsch herangetragen, im Rahmen einer Diplomarbeit eine Befragung aller NetzwerkpartnerInnen durchzuführen. Die Bewertungen der Struktur- und Prozessqualität flossen prozessbegleitend in die Arbeit der Steuerungsgruppe ein. Drei Jahre später stehen nun Prozess- und Ergebnisqualität im Fokus der Betrachtungen.

Das Ziel der vorliegenden Untersuchung ist die Evaluation des Leipziger Netzwerks für Kinderschutz mit Hilfe eines eigens entwickelten Fragebogens, der Ende 2011 an alle NetzwerkpartnerInnen versandt wurde. Im theoretischen Teil dieses Buches werden zunächst die Grundlagen aktueller Erkenntnisse zu den Themen Kindeswohlgefährdung und Frühe Hilfen dargestellt. Es folgt eine Einführung in theoretische und praktische Aspekte gelingender Netzwerkarbeit, die die Basis der Entwicklung des bei der Erhebung verwendeten Untersuchungsinstruments bilden. Nach einer Einführung in Arten und Kennzeichen von Evaluationen werden im Weiteren dabei auftretende spezifische Problemstellungen erörtert. Die Vorstellung des Leipziger Netzwerks für Kinderschutz, dessen Arbeitsstruktur und die Ergebnisse bisheriger Evaluationen vervollständigen den theoretischen Teil. Im empirischen Abschnitt finden sich nach Benennung der Forschungsfragestellungen die detaillierte Beschreibung der Fragebogenkonstruktion und die Darstellung der Auswertungsmethoden. Anschließend werden der Studienablauf und die Ergebnisse der Befragung wiedergegeben. Die letzten Kapitel dienen der Integration der quantitativen und qualitativen Ergebnisse, deren Interpretation und Diskussion. Daraus abgeleitete Handlungsempfehlungen, die kritische Methodenbetrachtung und ein abschließendes Fazit runden diese Studie ab.

Trotz eventueller Beeinträchtigung der Leseflüssigkeit wird zugunsten der Geschlechtergleichstellung auf die Verwendung des Binnenmajuskels I zurückgegriffen.

2 THEORIE

2.1 Kindeswohlgefährdung

Der Begriff Kindeswohlgefährdung wird rechtlich im Wesentlichen über §1666 BGB definiert. .... Was Kindeswohl bedeutet oder wann eine konkrete Gefahr vorliegt, wird im Gesetz bewusst unbestimmt gehalten, um das Gesetz auslegen und jeweils dem aktuellen Forschungs- und Wissensstand entsprechend Kindeswohl und Kindeswohlgefährdung einschätzen zu können. (Ziegenhain et al., 2010, S. 257)

2.1.1 Allgemeine Grundlagen

Unter Kindeswohlgefährdung werden im Allgemeinen die Formen körperliche und psychische Misshandlung, körperliche und emotionale Vernachlässigung und sexuelle Gewalt zusammengefasst. Über die Häufigkeiten der einzelnen Auftretensarten in Deutschland lassen sich nur sehr eingeschränkt genaue Angaben machen, da es an ausreichenden repräsentativen Studien mangelt (Renner & Heimeshoff, 2010). Verschiedene Untersuchungen legen nahe, dass Vernachlässigung mit geschätzten 5 - 10% betroffener Kinder in der Gesamtbevölkerung die mit Abstand häufigste Gefährdungsform darstellt (Ministerium für Arbeit, Soziales und Gesundheit des Landes Schleswig-Holstein, 2010). An zweiter Stelle folgt sexuelle Gewalt, die in den letzten Jahren jedoch eine rückläufige Tendenz aufweist (Ministerium für Arbeit und Sozialordnung, Familien und Senioren Baden-Württemberg, 2010). Kindesmisshandlungen hingegen werden zunehmend häufiger zur Anzeige gebracht; sie sind auch mit den am deutlichsten sichtbaren Folgen verbunden. Bisher ist allerdings nicht geklärt, ob dieser Anstieg tatsächlich auf höhere Fallzahlen zurückzuführen ist oder auf Veränderungen im Anzeigeverhalten, der statistischen Erfassung o. ä. beruht. Bei allen Angaben der polizeilichen Kriminalstatistik muss ohnehin im Hinterkopf behalten werden, dass im Bereich der Kindeswohlgefährdung von einer sehr hohen Dunkelziffer auszugehen ist, da diese meist im Privaten stattfindet und die Betroffenen in einem starken Abhängigkeitsverhältnis zu den TäterInnen stehen, welches eine Anzeige erschwert.

Die Ursachen von Kindeswohlgefährdung sind ein komplexes Zusammenspiel unterschiedlicher Aspekte, die beim Kind, den Eltern oder der allgemeinen Situation liegen können. Auf Seiten der Kinder konnten z. B. Frühgeburten als Risikofaktor identifiziert werden bzw. generell deutliche Entwicklungsbeeinträchtigungen oder Behinderungen. (Sullivan & Knutson, 2000). Persönlichkeitsmerkmale der Eltern, die mit Kindeswohlgefährdung in Verbindung gebracht werden, sind u. a. Impulsivität, negative Emotionalität und vermeidende Problembewältigung (Lengning & Zimmermann, 2009). Auf der kognitiven Ebene stehen nach einer Untersuchung von Reinhold und Kindler (2006) sowohl unangemessene Erwartungen bezüglich der Fähigkeiten und Fertigkeiten als auch eingeschränktes Wissen über kindliche Bedürfnisse einem förderlichen Erziehungsverhalten im Wege. Bestimmte Bevölkerungsgruppen wie Alleinerziehende, Arbeitslose oder MigrantInnen sind zudem häufiger von Armut betroffen, die die genannten Risikofaktoren verstärken und weitere bedingen können (Lengning & Zimmermann, 2009). Neben den finanziellen Problemlagen zählen auch Bildungsmängel und soziale Benachteiligung zu den situativen Risiken, die in Deutschland in den letzten Jahren massiv angestiegen sind (Stadt Leipzig, Der Oberbürgermeister & Jugendamt, 2010).

Zahlreiche Studien belegen die folgenschweren negativen Auswirkungen auf Betroffene von Kindeswohlgefährdung. In einer Längsschnittstudie von Silverman, Reinherz und Giaconia (1996) zeigte sich ein deutlicher Zusammenhang zwischen erfahrener Misshandlung und psychischen Störungen im jungen Erwachsenenalter. Fergusson und Lynskey (1997) wiesen darüber hinaus einen signifikanten Zuwachs an kriminellen Handlungen und Substanzmittelmissbrauch nach.

2.1.2 Situation in Leipzig

Auch in Leipzig wird ein Anstieg komplexer Problemlagen in Familien fest-
gestellt. Die Ursachen hierfür werden von Fachkräften u. a. in vermehrter Er-
werbsarbeitslosigkeit, sozialer Exklusion, geringer Bildung und eigenen frühen
Deprivationserfahrungen gesehen (Stadt Leipzig, Der Oberbürgermeister &
Jugendamt, 2010). Die benannten elterlichen Schwierigkeiten können zudem
immer seltener durch persönliche Netzwerke aufgefangen werden, so dass es in
Folge dessen zu einer verstärkten Notwendigkeit an Unterstützung durch öffent-
liche Institutionen der Kinder- und Jugendhilfe, des Gesundheitswesens und des
Bildungssystems kommt. Die quantitative und qualitative Erhöhung des Hilfebe-
darfs spiegelt sich auch in den Fallzahlen des Leipziger Jugendamts wider. So
wird z. B. im Bereich der Inobhutnahmen als auch der Hilfen zur Erziehung eine
Zunahme in den letzten Jahren sichtbar.

In der Universitätskinderklinik wurden in den Jahren 2001 bis 2007 insgesamt 115 Kinder mit Verdacht auf Kindesmisshandlung vorstellig (Landgraf,
2009). Bei den bestätigten Fällen handelte es sich zu 60% um körperliche Miss-
handlungen, gefolgt von 20% Vernachlässigung und 10% sexuelle Gewalt (bei
den restlichen 10% lagen Kombinationen mehrerer Vergehen vor). Die meisten
der betroffenen Kinder waren unter einem Jahr alt. Auch hier ließ sich ein Anstieg der Fallzahlen in den letzten Jahren aufzeigen.

2.2   Frühe Hilfen

Frühe Hilfen bilden lokale und regionale Unterstützungssysteme mit ko-
ordinierten Hilfsangeboten für Eltern und Kinder ab Beginn der Schwangerschaft und in den ersten Lebensjahren mit einem Schwerpunkt auf
der Altersgruppe der 0- bis 3-Jährigen. .... Frühe Hilfen umfassen vielfältige sowohl allgemeine als auch spezifische, aufeinander bezogene und
einander ergänzende Angebote und Maßnahmen. (Renner & Heimeshoff, 2010, S.12)

2.2.1 Allgemeine Grundlagen

In Deutschland werden Dienstleistungen der einzelnen Institutionen ausdif-
ferenziert nach ihrer Zuständigkeit erbracht. Neben dieser so genannten Ver-
säulung zwischen den Hilfesystemen existiert zudem jeweils noch eine Versäu-
lung innerhalb derer. Die komplexen Problemlagen hilfebedürftiger Familien
können jedoch nicht durch die Kompetenz einer einzelnen fachlichen Disziplin
aufgefangen werden. Daher sind systemübergreifende, verbindliche und aufeinander abgestimmte Kooperationen der betreffenden Professionen von größter
Bedeutung.

Die Überwindung von Systemgrenzen ist das Aufgabengebiet der Frühen
Hilfen. Ein Hauptaugenmerk liegt dabei auf den Kontakten über das Gesund-
heitssystem. Während der Schwangerschaft und der Kleinkindzeit haben vorrangig ÄrztInnen, Hebammen/Entbindungspfleger und Krankenschwestern/-
pfleger Zugang zu Kindern und deren Eltern. Diese gesellschaftlich akzeptierten
und gut genutzten Angebote können im Gegensatz zur weitaus negativer konnotierten Kinder- und Jugendhilfe die Chance sowohl zur Risikoabschätzung als
auch im Bedarfsfall zur Öffnung der Familie gegenüber anderen Hilfeträgern
bieten. Bisher wird in den meisten Fällen das Jugendamt erst informiert, wenn
bereits eine massive Kindeswohlgefährdung vorliegt. Die Aufarbeitung der
tragischen Todesfälle der letzten Jahre zeigte jedoch deutlich, dass sich die

Anfänge in der Regel in einer frühen Vernachlässigung finden ließen (Ziegenhain et al., 2010). Zu dem Zeitpunkt hatten die Familien entweder keinen regelmäßigen Kontakt zur Kinder- und Jugendhilfe oder wurden von verschiedenen Institutionen parallel betreut. Vor allem an den Übergängen zwischen den Hilfesystemen können dadurch folgenschwere Versorgungslücken entstehen. Daher wird in aktuellen Diskussionen um die Lage belasteter Familie nicht das Fehlen bedarfsgerechter Angebote kritisiert, sondern vor allem ein Mangel an Kooperation, Koordination und Multiprofessionalität (Hensen & Rietmann, 2008).

Die Unterstützung betroffener Kinder und Eltern ist in der Säuglings- und Kleinkindzeit besonders relevant. Einerseits stellt die frühe Kindheit eine sensible Phase für die gesamte weitere Entwicklung dar (Rauh, 2002), andererseits sind Kinder zwischen 0 - 3 Jahren in außerordentlichem Maße auf eine gute Versorgung angewiesen. Bereits geringe Versäumnisse in der gesundheitlichen oder sozialen Betreuung können weitreichende Konsequenzen nach sich ziehen. In diesem Alter finden sich daher häufig abrupte Übergänge von ersten Verdachtshinweisen zu lebensbedrohlichen Gefährdungssituationen (Bundesministerium für Familie, Senioren, Frauen und Jugend, 2009).

Frühe Hilfen umfassen sowohl primärpräventive Angebote im niedrigschwelligen Bereich als auch sekundär- und tertiärpräventive Maßnahmen für hochbelastete Familien. Dabei muss neben dem Abbau von Risiken gleichzeitig die Förderung von Schutzfaktoren im Auge behalten werden. Angehörige des Gesundheitswesens aus Kinderkliniken, niedergelassene GynäkologInnen und PädiaterInnen oder Hebammen/Entbindungspfler, MitarbeiterInnen der Kinder- und Jugendhilfe im Jugendamt, in Kindertagesstätten, Familienbildungseinrichtungen und bei freien Trägern von Hilfen zur Erziehung sind aufgerufen, gemeinsam mit AkteurInnen aus dem Bildungswesen, der Justiz und der Verwaltung dafür zu sorgen, dass Kinder gesund in unserer Gesellschaft aufwachsen können und ihr Recht auf Schutz und Förderung gewahrt wird.

Um eine bestmögliche Qualität Früher Hilfen sicherzustellen, ist noch erhebliche wissenschaftliche Forschung und Evaluation vonnöten. Zunächst gilt es, geeignete effektive und effiziente Instrumente zur Gefahreneinschätzung zu entwickeln und flächendeckend zum Einsatz zu bringen. Die verschiedenen Zugangswege sind hinsichtlich ihrer Wirksamkeit zu überprüfen, um Empfehlungen für die Praxis aussprechen zu können. Ein weiterer Meilenstein ist die Untersuchung von Ansätzen zur Motivierung von Familien zu aktiver Teilnahme an Hilfemaßnahmen. Zu guter Letzt müssen durch fortlaufendes Monitoring der Angebote Passgenauigkeit, kurz- und langfristige Folgen und deren Bedeutung kontrolliert werden (Renner & Heimeshoff, 2010).

2.2.2 Kosten und Nutzen

Die Notwendigkeit Früher Hilfen ist national als auch international unumstritten (Kindler, 2006). Im Gegensatz zu Risikofaktoren und Folgen von Kindeswohlgefährdung gibt es in Deutschland jedoch bislang keine empirisch abgesicherten Untersuchungen zur Effektivität Früher Hilfen. In einer Metaanalyse in der USA überprüften Goodson, Layzer, Bernstein & Price (2001) 260 Interventionsprogramme auf ihre Wirksamkeit. Sie fanden positive Auswirkungen Früher Hilfen auf die Einstellungen der Eltern und ihr Erziehungsverhalten und die kognitive, soziale und emotionale Entwicklung der Kinder, jedoch nicht auf die körperliche Gesundheit und Sicherheit. Die Effektstärken lagen zudem im Wertebereich zwischen $d = .80$ und $d = -.80$ (mit einem Maximum von $0 < d < .20$), was bedeutet, dass es sogar deutlich schädliche Programme gab. In einer weiteren Forschungsarbeit von Bilukha et al. (2005) wurden negative Programmfolgen explizit in den Fokus genommen und herausgearbeitet, dass diese vor allem auf eine höhere Entdeckungsrate von Kindeswohlgefährdungen durch intensivere Kontakte mit der Familie zurückzuführen sind. In Deutschland werden im Rahmen des Aktionsprogramms „Guter Start ins Kinderleben" zahlreiche Modellprojekte wissenschaftlich begleitet, um u. a. auch dringend benötigte Erkenntnisse zum Nutzen Früher Hilfen zu gewinnen.

Meier-Gräwe und Wagenknecht (2011) von der Universität Gießen befassten sich in ihrer Studie im Rahmen dieses Aktionsprogrammes mit den tatsächlichen und vermuteten Kosten von Kindeswohlgefährdung im Verhältnis zu den Kosten Früher Hilfen. Ihre Stichprobe umfasst 39 im Jahr 2008 im St. Marienkrankenhaus in Ludwigshafen geborene Säuglinge mit hoher Risikobelastung. Pro Jahr werden in diesem Krankenhaus durchschnittlich 1400 Kinder geboren, die alle mit dem Ludwigshafener peripartalem Erhebungsbogen gescreent werden. 8% aller Kinder werden als so genannte rote Fälle eingestuft, die weiterführende unterstützende Maßnahmen erhalten. In die Berechnung flossen sowohl die Kosten des Gesundheitswesens wie spezielle Nachsorge oder Kosten der Vernetzung mit der Kinder- und Jugendhilfe als auch alle darauf folgenden Kosten für Beratung, ambulante oder stationäre Hilfen der öffentlichen und freien Träger der Jugendhilfe ein. Insgesamt ergaben sich durchschnittliche Beträge von 7274 Euro pro Fall. Dem werden in einer Modellrechnung die vermuteten Kosten ohne frühe Intervention gegenübergestellt. Prinzipiell können direkte und indirekte Folgen von Kindeswohlgefährdung unterschieden werden. Zu ersteren zählen u. a. Behandlungskosten aufgrund von Verletzungen oder Kosten bei Inobhutnahmen für Justiz und Jugendhilfe. Beispiele für indirekte Folgen wären längerfristige Hilfemaßnahmen, Behandlungskosten psychischer Folgeerkrankungen, Straffälligkeit oder Arbeitslosigkeit aufgrund geringerer Bildung. Hinzu kommen natürlich monetär nicht abbildbare Schmerzen und Leiden für die Betroffenen.

In dem Berechnungsszenario, bei dem von einem Hilfebeginn zu Schuleintritt ausgegangen wird, kommen die Autoren unter Einbeziehung wissenschaftlicher Erkenntnisse zu den Wahrscheinlichkeiten verschiedener möglicher Folgen auf entstehende Kosten von 1,16 Mio. Euro pro Kind. Dies steht im Verhältnis von 1:160 mit den tatsächlichen Kosten Früher Hilfen in Ludwigshafen. Betrachtet man internationale Studien wie die von Reynolds, Mathieson und Topitzes (2009), die eine Verringerung der Anzahl von Kindeswohlgefährdung betroffener Säuglinge und Kleinkinder von ca. 7% auf 5% durch Frühe Hilfen aufzeigt, wird deutlich, dass diese auch aus finanzieller Sicht eine sinnvolle Investition für die Gesellschaft sind.

2.3   Netzwerke

Netzwerkkonzepte dienen in der Theorie von Psychologie, Soziologie und Sozialarbeit als Modelle, um Beziehungen um ein Individuum bzw. eine Organisation oder zwischen Individuen oder Organisationen darzustellen und zu analysieren. Die Akteure stellen Knoten in einem Netz dar, die Beziehungen die Verbindungen zwischen den Knotenpunkten. Die Analyse eines solchen Netzwerks (Anzahl der Akteure, die Intensität der Beziehungen, Symmetrie, Transitivität und Reziprozität) gibt Aufschluss darüber, wie gut Netzwerke funktionieren. (Ziegenhain et al., 2010, S. 277)

2.3.1 Allgemeine Grundlagen

Ein Netzwerk bezeichnet ein Beziehungsgeflecht mehrerer Individuen oder Institutionen, die sich dauerhaft zusammengeschlossen haben, um ihre Kommunikation und Kooperation auszubauen. Im Gegensatz zu positionalen Netzwerken, die im Allgemeinen innerhalb eines Systems (wie der Kinder- und Jugendhilfe oder des Gesundheitswesens) vorkommen und durch formelle Anforderungen an die einzelnen Rollen definiert sind, handelt es sich bei den Netzwerken, um die es im Folgenden geht, um relationale Strukturen (Ziegenhain et al., 2010). Diese zeichnen sich durch nicht vorab geregelte Beziehungen aus, die durch die beteiligten Personen aktiv ausgestaltet werden müssen. Die daraus entstehenden Unsicherheiten und Schwierigkeiten werden durch paradoxe Anforderungen im Verlaufe der Netzwerkarbeit noch verstärkt. Steht in der Phase der Implementierung die persönliche Motivation zur Vernetzung der einzelnen Beteiligten im Vordergrund, gewinnen formale Strukturen, die unabhängig von den TeilnehmerInnen funktionieren, zunehmend an Bedeutung, um das Bestehen der Netzwerkarbeit für die Zukunft abzusichern. Diese müssen jedoch stets flexibel genug sein, um Adaptionen aufgrund neuer Erkenntnisse im Bereich des Kinderschutzes oder veränderter gesetzlicher Vorgaben gewährleisten zu können.

Netzwerke auf dem Gebiet der Frühen Hilfen sehen sich dem Problem gegenüber, dass Professionen mit höchst unterschiedlichen beruflichen Selbstverständnissen, Aufträgen, Arbeitsweisen, Hierarchien, gesetzlichen und finanziellen Grundlagen aufeinander treffen und Verständnisschwierigkeiten somit nahezu unvermeidlich sind. Im Rahmen des Modellprojekts „Guter Start ins Kinderleben" wurden ExpertInnen aus den verschiedenen Berufsfeldern zu ihren Vernetzungserfahrungen in vier Bundesländern befragt (Schöllhorn, König, Künster, Fegert & Ziegenhain, 2010). Die Auswertung zeigte, dass fallbezogene Zusammenarbeit in brisanten Einzelfällen gut funktioniert. Bei der systemübergreifenden Kooperation ohne akuten Handlungsdruck, wie sie bei der Implementierung Früher Hilfen notwendig ist, zeigten sich jedoch deutliche Lücken. Auch Fegert, Berger, Klopfer, Lehmkuhl und Lehmkuhl (2001) fanden in ihrer Untersuchung verschiedene Defizite in der Praxis der interdisziplinären Zusammenarbeit aufgrund gegenseitiger Unkenntnis zu Vorgehensweisen, mangelnder Motivation zur Kooperation und Datenschutzaspekten.

2.3.2 Merkmale gelingender Netzwerkarbeit

2.3.2.1   Theoretische Aspekte

Da die Qualität eines Netzwerks aus den Beziehungen zwischen den AkteurInnen hervorgeht, kann die Beurteilung der Güte nicht in der Analyse der NetzwerkteilnehmerInnen oder der Quantität ihrer Kontakte liegen (Holzer, 2008). Vielmehr gilt es, spezifische Kommunikationsmuster zu identifizieren, die eine gelingende Netzwerkarbeit ermöglichen. Auf der Grundlage der Theorie affektiver Netzwerke von Garcia und der Theorie autopoietischer Systeme von Maturana und Varela entwickelte Stück (2010) dazu das Konzept der empathischen Netzwerke. Im Mittelpunkt steht dabei der gleichberechtigte, wertschätzende und respektvolle Umgang aller TeilnehmerInnen miteinander. Als Voraussetzung dazu postuliert Stück die Bereitschaft der NetzwerkpartnerInnen voneinander zu lernen und sich gegenseitig zu unterstützen. Weitere Elemente seiner Theorie beziehen sich auf die Abwesenheit von Kontrolle, die Bedeut-

samkeit einer gemeinsamen Vision und auf eine lebendige und kreative Kooperation. Als Kernelemente eines empathischen Netzwerks können dabei folgende
Punkte extrahiert werden (Scholz, 2011):

- Die PartnerInnen arbeiten autonom und gleichberechtigt zusammen.

- Die Kommunikation zeichnet sich durch gegenseitige Anerkennung und
  Konstruktivität aus.

- Es herrscht ein vertrauensvolles Klima.

- Alle TeilnehmerInnen sind bestrebt, die anderen bei ihrer Entwicklung zu
  unterstützen.

2.3.2.2   Praktische Erfahrungen

Die Analyse der praktischen Erfahrungen der inzwischen sehr zahlreichen
Vernetzungsprojekte führt zu einem ergiebigen Wissensspeicher über Netz-
werkarbeit. Die Haupterkenntnis der Sozialraumkoordination in Köln Höhenberg/
Vingst besteht in der Feststellung, dass Netzwerke nur von unten mit aktiver
Beteiligung aller entwickelt werden können (Birkle & Hildebrand, 2008). Wurde
von Leitungsebene aus versucht, nicht transparente Strukturen zu etablieren,
führte dies zu Unzufriedenheit der NetzwerkpartnerInnen und nicht selten zum
Abbruch der Kooperationsbeziehungen. Ein ähnliches Ergebnis brachte die
Auswertung des Projekts „Weiterentwicklung von Kindertageseinrichtungen zu
Familienzentren" (Breuksch & Engelberg, 2008). Zusätzlich wurde hierbei noch
die Notwendigkeit der gemeinsam empfundenen Sinnhaftigkeit der Vernet-
zungsarbeit betont. Dass es wirkungsvoller ist, bestehende Beziehungen auszubauen statt neue Netzwerke zu gründen, zeigte sich sowohl bei dem „Netzwerk Frühe Förderung" (Müller-Brackmann & Selbach, 2008) als auch der „Lernenden Region Köln" (Spieckermann, 2008).

Ziegenhain et al. (2010) arbeiten in ihrer Evaluation im Rahmen des bereits erwähnten Modellprojekts „Guter Start ins Kinderleben" folgende Aspekte heraus: Um Missverständnisse zwischen NetzwerkpartnerInnen unterschiedlicher Systeme im Bereich der Frühen Hilfen zu vermeiden, ist es notwendig, sich zunächst die Stärken, aber auch die Schwächen der eigenen Profession zu verdeutlichen. In einem weiteren Schritt müssen diese Erkenntnisse ausgetauscht werden, damit das Handeln bzw. Nichthandeln der anderen korrekt prognostiziert werden kann. Bestehende Vorurteile lassen sich gut durch gemeinsame Erlebnisse wie Fortbildungen verringern, da hierbei emotionale Nähe hergestellt wird, das Gefühl der gemeinsamen Verantwortung gestärkt und eben jener Wissenstransfer vonstattengehen kann. Weitere ExpertInnengespräche mit VertreterInnen der Kinder- und Jugendhilfe und des Gesundheitswesens förderten folgende Hauptkomponenten einer gelingenden Kooperation zutage: eine verbindliche, vertrauensvolle, wertschätzende Beziehung auf Augenhöhe, fallbezogene Anforderungen wie die Entwicklung gemeinsamer Verfahrensabläufe oder Kommunikationsregeln und die Klärung der Aufgabenverteilung sowie fallübergreifende Aspekte wie die Information über Herangehensweisen, Entscheidungsabläufe, Ziele, Erwartungen und Motivation zur Zusammenarbeit.

Der Bundesverband der Arbeiterwohlfahrt griff die Forderungen von Bund und Ländern nach Vernetzung der AkteurInnen in sozialen Arbeitsfeldern und deren Qualifizierung auf und führte von 2001 bis 2003 in den Kreisverbänden Bremen, Halle, Hannover und Nürnberg das Modellprojekt „Qualitätsentwicklung für lokale Netzwerkarbeit" durch (AWO Bundesverband e. V., 2004). Die wissenschaftliche Begleitung erfolgte durch das Institut für Sozialarbeit und Sozialpädagogik, das die in den vier unterschiedlichen Projekten gewonnenen Erfahrungen in der Publikation „Evaluationskonzept und Analyseraster zur Netzwerkentwicklung" strukturierte und analysierte. Diese im deutschsprachigen Raum allein stehende ausführliche Grundlagenarbeit ordnet die relevanten Kriterien gemäß der Entwicklungsphasen der Vernetzung den Kategorien Konzept-, Struktur-, Prozess- und Ergebnisqualität zu (Groß, Holz & Boeckh, 2005).

Konzeptqualität

Die Hauptaufgabe in der Konzeptphase besteht in der Vorbereitung der Netzwerkgründung. Je gründlicher diese Vorarbeiten durchgeführt werden, desto erfolgreicher wird die gesamte Vernetzung ausfallen. Neben der Suche nach MitstreiterInnen und der Erstellung eines inhaltlichen Konzepts und Arbeitsplans ist es notwendig, gemeinsam das Anliegen der Netzwerkarbeit zu bestimmen und den Kenntnisstand zur Problemsituation, deren Ursachen sowie erfolgreiche Maßnahmen zur Veränderung zusammenzutragen. Häufig ergibt sich dabei ein Bedarf nach weiterer Qualifizierung, bei der möglichst ansässige Forschungsinstitute und Universitäten einbezogen werden sollten. Ein entscheidendes Erfolgskriterium besteht darüber hinaus in der gemeinsamen Formulierung konkreter Ziele, die zu späteren Zeitpunkten regelmäßige Evaluationen ermöglichen. Neben dieser kooperativen Arbeit ist ebenso die Vorbereitung innerhalb der beteiligten Einrichtungen ein wichtiger Bestandteil. Groß, Holz und Boeckh (2005) empfehlen dazu die Bildung interner Netzwerkgruppen, um ausreichend Kapazitäten zu haben, die eigene Notwendigkeit und Motivation und Erwartungen bezüglich der Netzwerkarbeit zu eruieren und den Wissensstand zu bilanzieren. Zu guter Letzt gilt es eine geeignete Koordinationsperson zu bestimmen, die über ausreichende Organisations- und Kommunikationsfähigkeiten verfügt, da der Erfolg der Arbeit in bedeutendem Maße mit dem Engagement und den Qualitäten dieser zentralen Person in Verbindung steht.

Strukturqualität

Die Strukturqualität lässt sich in die Unterkategorien Netzwerkstruktur, Informations- und Kommunikationssystem, Ressourcen und Zielsystem einteilen. Die Netzwerkstruktur muss hierbei die Bedingung erfüllen, alle relevanten AkteurInnen zum Themengebiet in einer gleichberechtigten, überschaubaren, unbürokratischen und effizienten Art und Weise zusammenzuführen. Eindeutig festgelegte Zuständigkeiten sorgen für Transparenz und Verbindlichkeit. Je nach Bedarf sind diese in Vereinbarungen, Verträgen oder der Geschäftsordnung schriftlich zu fixieren. Bei der Verteilung der Aufgaben müssen die unterschiedlichen Kompetenzen und Ressourcen der TeilnehmerInnen kommuniziert und im Blick behalten werden, um potentielle Enttäuschungen zu verhindern. Eine professionelle Koordinationsperson bereitet regelmäßige Treffen vor und nach, überwacht die Einhaltung von Terminen und führt neue NetzwerkpartnerInnen systematisch in die Arbeit ein. Ein gemeinsam erarbeitetes, funktionsfähiges Informations- und Kommunikationssystem ist das Kernstück jeder gelingenden Netzwerkarbeit. Zu Beginn steht die gegenseitige Information über die jeweiligen Möglichkeiten und Bedingungen zur Vernetzung gepaart mit relevanten Aspekten zum Hintergrund der Einrichtung oder der Profession. Für die Netzwerktreffen müssen Kommunikationsregeln ausgehandelt werden, deren Einhaltung von einem/r ModeratorIn überwacht wird. Ebenfalls erforderlich sind gut etablierte Verfahrensweisen zum Informationsfluss zwischen den Treffen, um dauerhaft einen einheitlichen Wissensstand sicherzustellen. Ferner ist ein Krisenmanagement von Bedeutung, in dem vorab geregelt wird, an wen in welcher Form Kritik gerichtet wird und wie damit umgegangen werden soll. Ob sich die ausgearbeitete Konzeption erfolgreich umsetzen lässt oder nicht, hängt zum großen Teil von den zur Verfügung stehenden zeitlichen Ressourcen ab. Neben den finanziellen, technischen und fachlichen Erfordernissen müssen diese in der Planung ausreichend berücksichtigt werden. Die Ausgestaltung des Zielsystems in Leit-, Mittler- und Handlungsziele, wobei letztere die Kriterien spezifisch, messbar, akzeptabel, realistisch und terminiert zu erfüllen haben, ist der letzte Bestandteil der Strukturqualität. Darauf aufbauend kann im Anschluss ein verbindliches Evaluationskonzept entwickelt werden, das fest im Arbeitsplan zu verankern ist, um regelmäßige interne und externe Bilanzierungen zu garantieren.

Prozessqualität

Die Bewertung der Prozessqualität schließt sich inhaltlich daran an. In dem Bereich der Umsetzung der Netzwerkstruktur geht es einerseits um die Frage, ob die vereinbarten Aufgaben zuverlässig erfüllt werden, ob weitere verteilt werden müssen und ob Transparenz bei der Entscheidungsfindung besteht. Andererseits ist zu beurteilen, ob die Strukturen flexibel genug sind, um auf veränderte Rahmenbedingungen oder bei aufgetretenen Schwierigkeiten reagieren zu können. Falls ein Bedarf nach weiteren NetzwerkpartnerInnen sichtbar wird, sind sie in dieser Phase zu integrieren. Für eine funktionsfähige Informations- und Kommunikationskultur ist der regelmäßige, strukturierte und gleichberechtigte Informationsaustausch unabdingbar. Mit Konflikten muss angemessen umgegangen werden und Diskussionen sachlich und konstruktiv geführt. Die Öffentlichkeitsarbeit gewinnt an Bedeutung. Hinsichtlich des Ressourceneinsatzes der NetzwerkpartnerInnen gilt es, das verlässliche Einbringen zu beurteilen. Zu diesem Gebiet zählt auch die Einschätzung der Weiterbildungsangebote. Im Bereich der Erfolgskontrolle wird überprüft, ob die Ziele hinreichend bekannt sind, noch angemessen erscheinen oder angepasst werden müssen und ob die Evaluationen wie geplant durchgeführt werden.

Ergebnisqualität

Im letzten Abschnitt der Vernetzung gewinnt die Ergebnisqualität an Bedeutung. Dabei wird die Wirkung der Arbeit sowohl auf die geplante Zielgruppe als auch auf die NetzwerkpartnerInnen mit Hilfe geeigneter quantitativer und qualitativer Indikatoren gemessen. Bewertete Veränderungen beziehen sich einerseits auf die Frage, ob die anvisierten Ziele erreicht wurden, andererseits aber auch, zu welchen ungeplanten Nebeneffekten es gekommen ist. Hierbei ist es möglich, dass paradoxe Ergebnisse auftreten; so kann Kinderschutzarbeit zur Erhöhung der angezeigten Fälle führen, die durch intensivere Betreuung vermehrt sichtbar werden. Die allgemeine Wirkung der Arbeit auf die Netzwerkpart- nerInnen wird vor allem daraufhin beurteilt, ob diese seit Beginn der Zusammenarbeit besser miteinander kommunizieren, eine vereinte Identität geschaffen haben und Konkurrenzdenken verringert werden konnte. Weitere Merkmale gelungener Netzwerkarbeit sind gemeinsam entwickelte Angebote oder die bessere Nutzung vorhandener Ressourcen oder Erschließung neuer Finanzierungsquellen. Die Wirkung auf die Zielgruppe wird, soweit nicht in den spezifischen Zielen des Netzwerks anders definiert, über die Zufriedenheit der Betroffenen mit den Maßnahmen und deren Auswirkungen oder einfacher zu erhebende Kriterien wie gesteigerte TeilnehmerInnenzahlen und geringere Abbruchraten erhoben.

2.4 Evaluationsforschung

Wissenschaftliche Standards bei der Evaluation von Präventions- oder Interventionsprogrammen sind deshalb so wichtig, weil es weder ethisch vertretbar wäre, durch ineffektive Programme Kinder und Eltern tatsächliche altersgemäße Entwicklungsmöglichkeiten verpassen zu lassen, noch, die Gemeinschaft uneffektive Programme finanzieren zu lassen. (Lengning & Zimmermann, 2009, S.40)

2.4.1 Einführung

Evaluation stellt laut Wottawa und Thierau (1998) keine eigene Disziplin dar, sondern beinhaltet die Anwendung zahlreicher wissenschaftlicher Verfahrensweisen auf bestimmte Fragestellungen. Anforderungen, die dabei erfüllt werden, beziehen sich vor allem auf Objektivierung, Standardisierung und Überwachung von Handlungsalternativen, wobei sowohl der Vorgang als auch das Ergebnis der Bewertung als Evaluation bezeichnet werden (Kardoff & Schönberger, 2010). Sie kommen vorrangig auf den Gebieten der angewandten Psychologie, der Bildung, in Wirtschaft und Politik oder dem Sozial- und Gesundheitswesen zum Einsatz. Aufgrund der möglichen Anwendung des gesamten Vorrats empirischer Methoden und Instrumente ist es bei der Definition von Evaluation zielführender, gemeinsame Kennzeichen herauszuarbeiten. Zu nennen wären dabei das zweckorientierte Sammeln von Informationen, deren wissenschaftliche Auswertung im Hinblick auf vorab präzise formulierte Kriterien sowie die Verwendung als Planungs- und Entscheidungshilfe. Da sowohl Auswahl und Erhebung der Variablen als auch Analyse und Darstellung der Ergebnisse dem aktuellen wissenschaftlichen Standard entsprechen müssen, ist eine breite methodische Ausbildung Voraussetzung.

Evaluationsarten lassen sich u. a. nach dem Gegenstand ihrer Bewertung einteilen; handelt es sich um Personen, Produkte, Methoden, Projekte oder Systeme? Eine weitere Kategorisierung ist die nach dem Ort der Datenerhebung in Labor- oder Feldstudien. Die bekannteste Unterscheidung bezieht sich jedoch auf die Differenzierung von formativer und summativer Evaluation (Wottawa & Thierau, 1998). Erstere dient der Zielklärung, Problemanalyse und Verbesserung zukünftiger oder laufender Programme. Dabei werden vor allem mit Hilfe qualitativer Methoden regelmäßig Daten erhoben und in informellen Diskussionen an Projektverantwortliche oder KoordinatorInnen zurückgemeldet. Die Aufgabe des/r EvaluatorIn liegt in diesem Fall in besonderem Maße in der Herstellung von Vertrauen und Kooperation. Bei der summativen Evaluation handelt es sich um eine Qualitätsbewertung abgeschlossener Maßnahmen. Zu begrenzten Zeitpunkten finden hauptsächlich quantitative Datenerhebungsmethoden Anwendung, deren Ergebnisse mittels eines formalen Schlussberichts an politische EntscheidungsträgerInnen oder die Öffentlichkeit weitergegeben werden. Die äußeren Anforderungen werden dabei vorrangig in Neutralität und wissenschaftlicher Integrität gesehen.

Der Anfang eines jeden Evaluationsvorhabens besteht im ausführlichen Literaturstudium zum Themengebiet. Häufig schließt sich die Formulierung expliziter Ziele an. In der Praxis gibt es gelegentlich strikte AuftraggeberInnenvorgaben, die die Aufgabe des/r EvaluatorIn auf das Sammeln von Daten beschränken (Wottawa & Thierau, 1998). Nicht selten kommen jedoch vage Angaben wie „irgendetwas ist nicht in Ordnung" oder „schauen Sie doch mal, wie es läuft" vor. Daher müssen zunächst zusammen mit den ProjektkoordinatorInnen präzise Problemdefinitionen, Zielvorgaben und Erfüllungskriterien erarbeitet werden. Bei der Datenerhebung sollte so weit wie möglich auf standardisierte und erprobte Tests zurückgegriffen werden, um vor allem interne und externe Validität und die Vergleichbarkeit mit anderen Studien gewährleisten zu können. In den meisten Fällen liegen für Evaluationen jedoch keine passenden Messinstrumente vor, so dass eine sorgfältige Neukonstruktion vorzuziehen ist (Wottawa & Thierau, 1998). Nach der Wahl der Stichprobe und der Durchführung der Erhebung werden die gewonnenen Daten nach wissenschaftlichen Kriterien ausgewertet und im Ergebnisbericht zusammengefasst. Dabei ist zu beachten, dass sich dieser in der Regel nicht an akademische KollegInnen, sondern PraktikerInnen oder interessierte Laien richtet. Dementsprechend muss sich vermehrt um verständliche Sprache, die Erläuterung von Fachbegriffen und eindeutige grafische

Darstellungen bemüht werden. Wie Bortz und Döring (2006) betonen, gilt es weiterhin im Blick zu behalten, dass auf übliche wissenschaftliche Abwägungen, Einschränkungen und Konjunktive verzichtet werden sollte, da AuftraggeberInnen einer Evaluationsstudie eine klare Antwort auf ihre Fragestellung, wie die nach der Auswahl einer optimalen Handlungsalternative, benötigen.

2.4.2 Problemstellungen

Das Bild des/r unabhängigen, nach der absoluten Wahrheit suchenden WissenschaftlerIn trifft auf den/die EvaluatorIn nicht zu. DieseR muss sich damit arrangieren, von AuftraggeberInseite u. U. strikte Vorgaben bezüglich Ziele, Rahmenbedingungen, Kosten oder Stichprobenzugang zu erhalten. Die Forderung nach randomisierten Kontrollgruppen kann in der Praxis aus finanziellen, ethischen, zeitlichen und personellen Gründen so gut wie nie erfüllt werden (Bortz & Döring, 2006). Oben erwähnte unwissenschaftliche klare Bewertungen können gefordert sein oder Publikationen der Ergebnisse eingeschränkt werden. Nicht der theoretische Erkenntnisgewinn steht im Vordergrund, sondern der Nutzen für den/die KundIn. Kromrey (2001) spricht in diesem Zusammenhang vom „Primat der Praxis vor der Wissenschaft" (S. 113), Wottawa und Thierau (1998) in einem ähnlichen von „Übelminimierung statt Ideallösung" (S. 21). Auch bei unbegrenzten Ressourcen wird es nie ein Idealkonzept geben, das generell verbindliche Wahrheiten zum Untersuchungsgegenstand liefert; der/die EvaluatorIn kann stets nur einen vorläufigen Beitrag leisten, um die Wahrscheinlichkeit zur Wahl der besseren Alternative zu erhöhen. Bewertungsmaßstäbe liegen dabei nicht in allgemeingültiger Form vor, sondern müssen vom/n der EvaluatorIn nach bestem Wissen festgesetzt werden. Da dieser komplexe Vorgang ebenso wie die Auswahl der Kriterien und deren Operationalisierung immer von eigenen Werthaltungen beeinflusst sein können, sind alle Entscheidungen explizit und nachvollziehbar offen zu legen.

Kardoff und Schönberger (2010) weisen zudem darauf hin, dass es bei Evaluationen zu Schwierigkeiten kommen kann, Zugang zur Stichprobe zu finden. Eine Bewertung der eigenen Arbeit löst Abwehr aus, mögliche Veränderungen stören eingefahrene Routinen, Angst vor Arbeitsplatzverlust kann ehrliche Antworten verhindern oder fehlende Zeitressourcen das Ausfüllen eines Fragebogens vereiteln. Diese und andere potentielle Hindernisse müssen möglichst antizipiert und in der Konzeption bedacht werden.

2.5 Leipziger Netzwerk für Kinderschutz

Ein Workshop im Juni 2007 mit potentiellen Netzwerkpartnern legt den
Grundstein für das Auswahlverfahren beim Land Sachsen. Im Septem-
ber 2007 verkündet die Staatsministerin für Soziales, Frau Orosz, auf
einer Veranstaltung in der HTWK Leipzig, dass die Stadt Leipzig als
Modellstandort des Landesmodellprojektes „Netzwerke für Kinderschutz
in Sachsen" ausgewählt wurde. (Stadt Leipzig, 2012)

2.5.1 Aufbau und Arbeitsweise

Ausgehend von Beschlüssen auf Bundesebene über die Etablierung sozialer Frühwarnsysteme und Netzwerke für Kinderschutz wurde von der sächsischen Landesregierung 2007 unter der Leitung des Felsenweg-Instituts ein
Modellprojekt zum Aus- und Aufbau von Netzwerken eingerichtet. Vier Standor-
te erhielten bis Ende 2011 finanzielle und organisatorische Unterstützung, um
die Kooperation aller beteiligten Professionen voranzutreiben und in der Praxis
Kindeswohlgefährdungen schneller erkennen und abwenden zu können (Sächsisches Staatsministerium für Soziales, 2007). In Leipzig liegt die Projektkoordination in den Händen des Jugendamts, welches anstrebt, durch die Schaffung
einer neuen Stelle die Netzwerkarbeit auch über die Modellprojektlaufzeit hinaus
nachhaltig zu gewährleisten. Die Ziele des Leipziger Netzwerks für Kinderschutz
unter dem Leitspruch „Vertrauensvoll miteinander für die Kinder unserer Stadt"
lauten wie folgt:

- „Die Chancen für Kinder, gefahrenfrei, gewaltfrei und gesund aufzuwachsen, weiter zu verbessern.

- Aufbauend auf vorhandene und bewährte Strukturen, die Zusammenarbeit der Netzwerkpartner weiter zu qualifizieren und das Netzwerk optimal
  zu gestalten.

- Bei Not- oder Problemfällen ein gut funktionierendes und schnell reagierendes Hilfesystem zum Einsatz zu bringen." (Stadt Leipzig, 2012)

Um dies zu erreichen, soll neben der Verbesserung der Kommunikation der NetzwerkpartnerInnen vor allem das Angebot präventiver Maßnahmen für Familien in schwierigen Lebenslagen ausgebaut werden. Für 2012 stehen die Umsetzung des Bundeskinderschutzgesetzes und des Sächsischen Konzepts Frühe Hilfen sowie die Entwicklung einer weiteren Öffentlichkeitskampagne inklusive der Neuauflagen des Leitfadens für Kinderschutz und des Handbuchs für Familien im Vordergrund (Hauck, 2011).

Die Steuerung der Netzwerkarbeit übernimmt eine interdisziplinäre Projektgruppe, die derzeit aus sieben Mitgliedern besteht, welche einmal jährlich auf der Netzwerkkonferenz gewählt werden. Auf vierteljährlichen Treffen legt die Projektgruppe aktuelle Ziele fest, bereitet Veranstaltungen vor, koordiniert die Zusammenarbeit mit der Stadtverwaltung und beschließt die Gründung von Qualitätszirkeln (Stadt Leipzig, 2012). In diesen findet zeitlich begrenzt jeweils die thematische Arbeit statt. Der Qualitätszirkel „Angebots- und Kontaktübersicht" erstellte eine Zusammenfassung der vorhandenen Frühen Hilfen in allen Leipziger Stadtgebieten und veröffentlichte diese im Handbuch für Familien, welches sowohl im Internet als auch in Druckform im Familieninfobüro erhältlich ist. Im zweiten Schritt sollen weitere gemeinsame Angebote für Schwangere und junge Familien entwickelt werden. Die Qualitätszirkel „Recht" und „Standardisiertes Informationssystem" erarbeiteten den „Leipziger Leitfaden für Kinderschutz". Darin finden sich Steckbriefe der beteiligten Professionen und ein Manual zu Informationswegen und Zuständigkeiten im Gefährdungsfall. Dieses Informationssystem ist für die einzelnen Institutionen jedoch nicht verbindlich, sondern soll als Ausgangspunkt für die Entwicklung eigener interner Standards dienen. Des Weiteren wird versucht, aufbauend auf den unterschiedlichen gesetzlichen Grundlagen der Netzwerkpartner, ein einheitliches Verständnis von Kindeswohlgefährdung zu entwickeln und datenschutzrechtliche Aspekte zu klären. Die Arbeitsgruppe „24h Hotline" entwickelte ein Konzept zu einer ständig erreichbaren telefonischen Beratungsmöglichkeit für Kinder und Eltern in Krisensituationen. Dieses wurde dem Allgemeinen Sozialen Dienst zur Umsetzung übergeben, die bislang jedoch nicht erfolgte. Die Arbeit des Qualitätszirkels „Qualifizierung" bestand in der Implementierung der Weiterbildungsreihe „Vernachlässigung, Misshandlung und Missbrauch von Kindern erkennen, ansprechen und handeln", die im Rahmen der Leipziger Volkshochschule halbjährlich angeboten wird, so lange Nachfrage danach besteht. Der sechste Zirkel „Öffentlichkeitsarbeit" hat es sich einerseits zur Aufgabe gemacht, die Angebote des Netzwerks bekannt zu machen und andererseits durch Kampagnen wie „Elternsein" zu Beginn des Jahres 2010 für eine Antistigmatisierung von Unterstützungsangeboten für junge Familien zu sorgen (Stadt Leipzig, 2009).

Auf halbjährlichen Netzwerkkonferenzen stellen die Qualitätszirkel und die Projektgruppe den Stand ihrer Arbeit vor. Des Weiteren werden in Fachvorträgen aktuelle Themen aufgegriffen und diskutiert und die NetzwerkpartnerInnen erhalten die Möglichkeit zum Ausbau ihrer Kooperationen. Zum Zeitpunkt der Entstehung dieser Evaluation umfasst das Netzwerk 43 Mitglieder, die von der Koordinatorin zur Mitarbeit eingeladen wurden oder von sich aus Kontakt aufnahmen. Es sind alle relevanten AkteurInnen Leipzigs wie das Jugendamt, Gesundheitsamt, Sächsische Bildungsagentur, Familiengericht, Polizei, Ordnungsamt, Beratungsstellen, Kliniken und niedergelassene ÄrztInnen, Stadtsportbund, freie Träger der Jugendhilfe etc. vertreten.

Einen Überblick über die aktuelle Arbeitsstruktur bietet die folgende Grafik (Hauk, 2011):

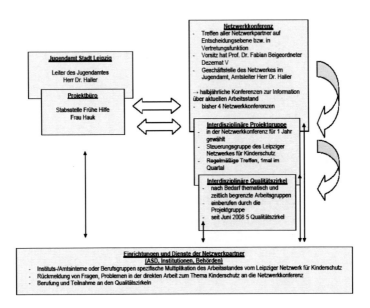

2.5.2 Zielerreichung und Bewertung

Das Leipziger Institut für angewandte Weiterbildungsforschung e. V. begleitete das Modellprojekt „Netzwerke für Kinderschutz in Sachsen" durch unregelmäßige Erhebungen an den vier Projektstandorten Leipzig, Leipziger Land, Dresden und Vogtland. Diese prozessbegleitende Evaluation erstreckte sich über den Zeitraum von Anfang 2008 bis Ende 2011 und wurde ebenfalls durch das Landesamt für Familie und Soziales finanziert.

2010 erfolgte eine schriftliche Befragung ausgewählter NetzwerkpartnerInnen mit Hilfe eines Fragebogens zu ihrer Funktion im Netzwerk, der Zusammenarbeit mit den NetzwerkpartnerInnen und dem Nutzen für ihre berufliche oder ehrenamtliche Tätigkeit (Lehnert, 2010). In Leipzig wurden dafür von der Netzwerkkoordinatorin 14 KooperationspartnerInnen bestimmt, die sich aktiv an der Projektgruppe des Netzwerks beteiligt hatten. Die Auswertung der Ergebnisse zeigte, dass sich die Arbeitsbeziehungen der Beteiligten durch die Zusammenarbeit im Netzwerk verbessert hatte und weitere Berufsgruppen in die Kooperationen einbezogen wurden. Allerdings gaben die meisten an, auch vor Beginn der Netzwerkarbeit aufgrund gesetzlicher Bestimmungen bereits gute Kooperationsbeziehungen zu anderen Institutionen geführt zu haben. Der Nutzen der Netzwerkarbeit wurde vor allem in besseren Informationen über beteiligte Einrichtungen (82% der NetzwerkpartnerInnen) gesehen, vermehrter Sicherheit im Handeln (35%) und schnellerem Handeln (24%, Mehrfachnennungen möglich). Im Vergleich zu den anderen drei Projektstandorten fielen die Bewertungen in allen Bereichen jedoch negativer aus.

Im Jahr 2011 wurde eine weitere Erhebung zur Bestandsaufnahme und Zielbewertung realisiert, die auf Dokumentenanalysen und Interviews der jeweiligen Koordinatorinnen basiert (Lehnert, 2011). Sie diente der Überprüfung des aktuellen und bis Ende der Projektlaufzeit erwarteten Erfüllungsstands der Struktur- und Leistungsziele. Für Leipzig werden fast alle Zielerreichungen als gegeben betrachtet und kein weiterer Handlungsbedarf gesehen. Lediglich bei der Entwicklung einrichtungsinterner Verfahrensstandards zum Umgang mit Kindeswohlgefährdung, wie im Qualitätszirkel „Standardisiertes Informationssystem" vorgesehen, muss offen bleiben, ob dies wirklich von allen NetzwerkpartnerInnen umgesetzt wurde. Empfohlen wird die Analyse des Umsetzungsstandes sowie Unterstützung beim Aufbau in den einzelnen Institutionen.

2.6 Zusammenfassung der Evaluation 2009

Die Bewertung der Netzwerkarbeit fällt in einigen Bereichen höchst unterschiedlich aus. Deutlich wird, dass vor allem die Einbeziehung aller Beteiligten in Problemdefinition, Zielformulierung und Aushandlung der Arbeitsstrukturen vernachlässigt wurde, so dass bisher von keiner einheitlichen Identifikation mit dem Netzwerk berichtet werden kann. Positiv hervorzuheben sind besonders die Netzwerkkonferenzen, welche die Gelegenheit bieten, mit anderen Teilnehmern ins Gespräch zu kommen und die Zusammenarbeit auszubauen. (Englisch, 2010, S.53)

2.6.1 Beschreibung der Studie

Zu Beginn des Jahres 2009 fand auf Anregung der Projektkoordinatorin die erste Evaluation des zu diesem Zeitpunkt einjährigen Leipziger Netzwerks für Kinderschutz durch die Autorin statt. Mit Hilfe eines selbst entwickelten Fragebogens (siehe Anlage) wurden hierbei über offene und geschlossene Fragen die Standpunkte der NetzwerkpartnerInnen vorrangig zu Aspekten der Struktur- und Prozessqualität erhoben. An der Netzwerkvorbereitung hatten sich nur wenige beteiligt und für eine umfassende Ergebnisqualitätsbeurteilung war es noch zu früh.

Die Kriterien zur Evaluation der Struktur- und Prozessqualität wurden aus der wissenschaftlichen Literatur zur gelingenden Netzwerkarbeit gewonnen. Ergänzt wurde die Erhebung um Fragen nach Stärken und Schwächen des Netzwerks, nach Verbesserungsvorschlägen und Ideen zu weiteren Zielen, der wahrgenommenen bisherigen Zielerreichung und der allgemeinen Zufriedenheit mit der Netzwerkarbeit. Anfang Januar wurden in einer Vollerhebung 44 Fragebögen verteilt und eine Woche später zum Teil wieder eingesammelt, zum Teil in der Zeit danach zurückgesendet. Am Ende lagen 38 Bögen zur Auswertung vor.

Im weiteren Verlauf konnten der Projektleitung die anonymisierten Ergebnisse, deren detaillierte Interpretation und Handlungsempfehlungen zum Ausbau der Netzwerkarbeit rückgemeldet werden. Diese sind aus Zeitgründen nicht in einer größeren Runde ausgewertet oder besprochen worden, flossen aber in die tägliche Koordinationsarbeit mit ein (S. Hauk, persönliche Mitteilung, 5.11.2011).

2.6.2 Evaluationsergebnisse

Die direkte Frage nach der Zufriedenheit mit der Netzwerkarbeit ergab einen durchschnittlichen Wert von 2,8 (SD = .98) auf einer Skala von 1 - 5. Der Höchstwert von 5 kam dabei gar nicht vor, die 1 hingegen schon. Auch die offenen Fragen nach Stärken und Schwächen des Leipziger Netzwerks förderten unterschiedlich zufriedene Einschätzungen zu Tage (Englisch, 2010).

Im Bereich der Konzeptqualität wurden verschiedene Defizite deutlich. Aufgaben, die während der Vorbereitung geleistet werden müssen, bestehen u. a. in der gemeinsamen Klärung des Vernetzungsbedarfs sowie der Motivation zur Netzwerkteilnahme und der Bilanzierung des Kenntnisstands zum Thema. Diese Anforderungen wurden jedoch nicht erfüllt. Daher zweifelten Befragte wiederholt die Notwendigkeit eines weiteren Netzwerks in Leipzig an und forderten zunächst die gründliche Untersuchung vorhandener Problemlagen, deren Ursachen und daraus resultierend geeigneter Maßnahmen zur Verbesserung. Der von manchen Mitgliedern angesprochenen geringen Motivation zur Kooperation könnte die ebenfalls fehlende gemeinsame Konzeptentwicklung zu Grunde gelegen haben.

Die Unterscheidung nach Struktur- und Prozessqualität konnte bei der Auswertung nicht aufrechterhalten werden, da sich verschiedene Antworten der offenen Fragen keiner der beiden Kategorien ausschließlich zuordnen ließen. Da sich die Teilaspekte in weiten Teilen gleichen bzw. aufeinander beziehen (siehe Netzwerkstruktur/Umsetzung der Netzwerkstruktur oder Kommunikationssystem/Kommunikationskultur), wurden diese auch jeweils zusammen beurteilt. Positiv hervorgehoben wurde die Vollständigkeit der relevanten Netzwerk-partnerInnen im Arbeitsfeld Kinderschutz. Kritikpunkte an der Netzwerkstruktur betrafen jedoch die fehlende Transparenz bezüglich der Arbeitsweise und der Entscheidungsfindung sowie eine nicht ausreichende Kompensation der unglei-chen strukturellen Machtverhältnisse. Das Informations- und Kommunikations-system wurde am negativsten bewertet. Der Austausch der NetzwerkpartnerIn-nen untereinander schien in weiten Teilen gelungen, häufig bemängelt wurden jedoch zu kurzfristige Einladungen zu den Netzwerkkonferenzen und die spärli-che Informationsweitergabe über Ziele, Arbeit und Ergebnisse der Qualitätszir-kel. Es fehlten klare Regelungen um vollständige Transparenz zu gewährleisten. Im Bereich der Ressourcen gab es vielfältige positive Erwähnungen der Qualifi-zierungsangebote. Bezüglich des Zielsystems und der Erfolgskontrolle wurde deutlicher Verbesserungsbedarf offenkundig. Es existierte keine gemeinsam ausgehandelte Differenzierung in Leit-, Mittler- und Handlungsziele und darauf aufbauend Kriterien zur Zielerreichung und regelmäßige interne oder externe Evaluationen.

Die partielle Beurteilung der Ergebnisqualität zeigte ebenfalls ein eher düs-teres Bild. Zwar wurden die Netzwerkkonferenzen und Qualitätszirkel als solche positiv erlebt und die Chancen zum weiteren Fortbestand des Netzwerks bejaht; die Befragten äußerten jedoch, keine Veränderungen in der Zusammenarbeit der Institutionen wahrzunehmen, kaum Nutzen für die eigene Arbeit zu gewin-nen und ebenfalls keine positiven Auswirkungen auf junge Familien in Leipzig durch die Arbeit im Netzwerk zu erwarten. Zwei der ursprünglichen Handlungs-ziele, die Erstellung der Angebots- und Kontaktübersicht sowie der Entwurf zu einem standardisiertem Informationssystem, waren zum Zeitpunkt der Befra-gung schon erfüllt, deren Zielerreichung wurde dessen ungeachtet aber ver-neint. Einige der wahrgenommen Mängel im Bereich der Ergebnisqualität könn-ten also auf die bereits beschriebenen Kommunikationsdefizite zurückzuführen sein.

3 EMPIRIE

3.1 Forschungsfragestellungen

Vier Jahre nach Gründung des Netzwerks soll die in der Konzeption geplante Bilanzierung der Arbeit mit Hilfe einer Befragung aller NetzwerkpartnerInnen umgesetzt werden.

Dabei ergeben sich folgende Fragestellungen:

Wie gestaltet sich die Prozessqualität des Leipziger Netzwerks für Kinderschutz?

Wie lässt sich die Ergebnisqualität beurteilen?

Wie zufrieden sind die NetzwerkpartnerInnen mit der Zusammenarbeit?

Kann das Netzwerk als empathisches Netzwerk bezeichnet werden?

Gibt es signifikante Verbesserungen seit der Erhebung im Jahr 2009?

Welche Handlungsempfehlungen können für die weitere Netzwerkarbeit gegeben werden?

3.2 Untersuchungsinstrument

3.2.1 Wahl der Erhebungsmethode

Die üblicherweise verwendeten Methoden zur Netzwerkanalyse wie positionale Verfahren oder probabilistische Modelle (für einen Überblick siehe Stegbauer & Häußling, 2010) sind für Evaluationen wenig geeignet, da sie im Allgemeinen dem wissenschaftlichen Erkenntnisgewinn dienen und keinen praktischen Nutzen für die Weiterentwicklung der Netzwerkarbeit liefern können. Am Markt erhältliche quantitative Tests wurden ebenfalls für die Forschung oder zur Diagnostik unterschiedlicher Phänomene entwickelt und sind vor allem aufgrund ihrer Länge und ihrer thematischen Ausrichtung nicht für Evaluationen verwendbar. Daher ist es in den meisten Fällen trotz des Bestrebens, möglichst bewährte und elaborierte Verfahren zu verwenden, notwendig, geeignete Erhebungsinstrumente selbst zu konstruieren.

Für den Bereich der Netzwerkforschung liegt aus der theoretischen Perspektive ein von Sandra Scholz (2011) entwickelter Forschungsfragebogen vor, der auf der Theorie empathischer Netzwerke von Marcus Stück basiert. Konzipiert für das Modellprojekt „Starke Wurzeln" in sächsischen Kindertageseinrichtungen ließ es sich jedoch nur in gewissem Umfang auf das Leipziger Netzwerk für Kinderschutz übertragen. Die praktischen Erfahrungen des Bundesverbandes der Arbeiterwohlfahrt durch langjährige Vernetzungsätigkeiten sind im „Fragebogen zur Selbstevaluation von Netzwerken" gebündelt (AWO Bundesverband e. V., 2004), dessen Kriterien maßgeblich in das neu konstruierte Erhebungsinstrument eingeflossen sind. Ergänzt wurde dieses noch um die spezifischen Ziele des untersuchten Netzwerks.

Die nächste Entscheidung bezieht sich auf die Verwendung quantitativer oder qualitativer Methoden. Als quantitativ werden alle Vorgehensweisen bezeichnet, mit deren Hilfe empirische Sachverhalte numerisch dargestellt werden (Hussy, Schreier & Echterhoff, 2010). Sie zeichnen sich durch eine standardisierte Datenerhebung und Auswertung aus und müssen den gängigen Gütekriterien Objektivität, Reliabilität und Validität genügen. Bei qualitativen Verfahren stehen die tiefgründige Beschreibung von Einzelfällen und eine einfühlende Erkundung von Zusammenhängen und Regeln im Vordergrund (Kelle, 2007). Sie dienen der Exploration unbekannter und komplexer Sachverhalte, bei denen die Meinungen der Befragten einbezogen werden sollen. Notwendige Gütekriterien wurden hierfür erst in jüngerer Zeit vorrangig von Mayring (2002) entwickelt und enthalten u. a. die Forderung nach sorgfältiger Dokumentation aller Schritte, nachvollziehbarer Begründung der Interpretationen und kommunikativer Validierung, das heißt, der Überprüfung der Schlussfolgerungen durch die betroffenen Personen.

Die trennende Gegenüberstellung beider Vorgehensweisen ist in den letzten Jahren zunehmend der pragmatischen Sicht gewichen, dass es keine allgemeingültige Strategie zur Beantwortung von Fragestellungen geben kann, sondern die gewählte Methode zum Untersuchungsgegenstand passen muss (Hussy, Schreier & Echterhoff, 2010). Dabei kann die Verbindung beider Verfahren sinnvoll sein, da sich jeweilige Stärken gut ergänzen und dadurch die Erklärungsreichweite und Verallgemeinerbarkeit erhöht werden. Auch in der vorliegenden Untersuchung wurde die Kombination der Ansätze gewählt. Durch die geplante Vollerhebung minimiert sich die Gefahr einer geringen Aussagekraft bei einem qualitativen Vorgehen durch die mögliche Auswahl nicht repräsentativer Fälle. Das Evaluationsvorhaben verlangt nach einer ausführlichen Untersuchung der Einschätzungen der NetzwerkpartnerInnen zu unterschiedlichen Bereichen der geleisteten Arbeit und deren Auswirkungen. Indikatoren für gelungene und defizitäre Aspekte und deren Ursachen können nur unzureichend mit Hilfe quantitativer Methoden exploriert werden. Die Beschränkung des Aufwands für Befragte und Fragende ließ allerdings ausführliche Interviews mit allen Beteiligten nicht zu. Auch eine vergleichende Betrachtung mit den Ergebnissen der vorangegangen Erhebung macht die gleichzeitige Verwendung quantitativer Ansätze sinnvoll.

Der Fragebogen ist die am häufigsten eingesetzte Methode bei der Datenerhebung (Raab-Steiner & Benesch, 2008). Er ist zeitsparend, kostengünstig, lässt einen den passenden Augenblick zur Beantwortung selbst bestimmen und eignet sich für nicht sofort gegenwärtige Sachverhalte, deren Beurteilung u. U. Bedenkzeit erfordert. Aus diesen Gründen fiel die Entscheidung auch bei der Konzipierung der Netzwerkevaluation auf eine schriftliche Befragung. Als Nachteile von Fragebögen finden sich in der Literatur die Hinweise, dass vorgegebene Antwortkategorien die Ausdrucksmöglichkeiten der Befragten beschränken können und diese Vorauswahl gegebenenfalls zu einem nicht realen Abbild der Wirklichkeit führt (Lengning & Zimmermann, 2009). Da im vorliegenden Fall die parallele Verwendung offener und geschlossener Fragen geplant war, wird diese Einschränkung abgemildert. Ein weiterer Kritikpunkt betrifft die verminderte Möglichkeit zur Nachfrage bei Verständnisschwierigkeiten. Diesem wurde durch sorgfältige Konstruktion und Durchführung eines Vortests entgegenzuwirken versucht.

3.2.2 Anforderungen an die Fragebogenkonstruktion

Bei Bortz & Döring (2006) finden sich verschiedene Anhaltspunkte zur gelungenen Itemkonstruktion. Die Fragen sollen kurz und präzise, dabei aber verständlich und eindeutig formuliert werden, jeweils nur einen Aspekt betreffen, der Sprache der Zielgruppe angepasst sein und keine suggestiven Formulierungen enthalten. Um die Befragten bei der Entscheidungsfindung nicht zu überfordern, haben sich fünf bis sieben Antwortmöglichkeiten bewährt. Auf eine mittlere Kategorie sollte dabei jedoch möglichst verzichtet werden, da gezeigt werden konnte, dass diese einen ungünstigen Einfluss auf die Einstellungsmessung haben kann. Motivierte Personen versuchen diese zu meiden und verändern dadurch unangebrachterweise den Informationsgehalt; von demotivierten wird die Kategorie als Antwortverweigerung oder bei zu schwierigen Fragen genutzt (Rost, 2004). Porst (2008) empfiehlt ergänzend eine aufsteigende Reihung der numerischen Kategoriebezeichnungen entsprechend der in unserer Kultur vorhandenen Schreibweise von links nach rechts.

Großen Wert ist auf die sorgfältige Gestaltung der Titelseite zu legen. Diese entscheidet über das Interesse zur Teilnahme an der Studie und muss neben den Angaben zum Thema der Untersuchung, der durchführenden Person oder Institution einschließlich ihrer Kontaktdaten, die Befragten auch darüber in Kenntnis setzen, weshalb sie zur Mitarbeit gebeten werden und was mit ihren Daten geschieht. Des Weiteren sollten Hinweise zur Beantwortung der Fragen gegeben und die Einhaltung der Anonymität zugesichert werden (Raab-Steiner & Benesch, 2008). Wie auch auf die Gesamtlänge des Fragebogens zutreffend, wirkt zu viel Text dabei abschreckend. Eine optisch aufgelockerte Form unter Verwendung grafischer Elemente oder eines Bildes ist zu empfehlen.

Die erste Frage im Hauptteil leitet in das Thema ein und muss spannend formuliert sein, um die Motivation zur weiteren Beantwortung zu fördern. Die folgenden Items sind nach inhaltlichen Gesichtspunkten zusammenzufassen und optisch ansprechend darzubieten. Gelegentliche symbolische Antwortkategorien wie Smileys bieten sich zur Gestaltung an. Den Abschluss bilden Platz für weitere Kommentare zum Untersuchungsgegenstand oder der Evaluation und ein herzlicher Dank für die Unterstützung (Schnell, Hill & Esser, 1995).

3.2.3 Konstruktion des Untersuchungsinstruments

Wie in Kapitel 2.3.2.1 beschrieben, basiert die Theorie empathischer Netzwerke von Marcus Stück auf den Kernideen der gleichberechtigten Zusammenarbeit, einer konstruktiven Kommunikation, eines vertrauensvollen Klimas und der Bereitschaft zu gegenseitiger Unterstützung. Aus dem darauf aufbauenden Fragebogen zum Netzwerk „Starke Wurzeln" für sächsische Kindertagesstätten (Scholz, 2011) wurden die vier entsprechenden Items ausgewählt und in folgender Weise für das Leipziger Netzwerk für Kinderschutz adaptiert:

Hat jeder Netzwerkpartner die gleiche Möglichkeit, eigene Ideen einzubringen und an der Umsetzung zu arbeiten?
*Verlaufen Diskussionen sachlich und konstruktiv? * (Erläuterung der Kennzeich-*

nung im vorletzten Absatz des Kapitels)
*Herrscht das nötige Vertrauen unter den Netzwerkpartnern? ***
Existiert die Bereitschaft der Netzwerkpartner, sich gegenseitig zu unterstützen?

Die praktischen Erfahrungen der Vernetzungstätigkeiten des Bundesverbandes der Arbeiterwohlfahrt in vier Bundesländern, die im Rahmen des Modellprojekts „Qualitätsentwicklung für lokale Netzwerkarbeit" vom Institut für Sozialarbeit und Sozialpädagogik evaluiert wurden, finden sich in Stichpunkten zusammengefasst im „Leitfaden für gelingende Netzwerkarbeit" (Groß, Holz & Boeckh, 2005) wieder. Darin werden die Anforderungskriterien, wie im Kapitel 2.3.2.2 beschrieben, je nach Entwicklungsphase den Kategorien Konzept-, Struktur-, Prozess- und Ergebnisqualität zugeordnet. Der Schwerpunkt der ersten Evaluation lag aufgrund des Erhebungszeitpunkts auf Merkmalen im Bereich der Struktur- und Prozessqualität. Vier Jahre nach Gründung des Leipziger Netzwerks sollen nun mit Hilfe der vorliegenden Untersuchung sowohl die aktuelle Arbeitsweise als auch die erzielten Ergebnisse beurteilt werden. Somit stehen die relevanten Aspekte im Bereich der Prozess- und Ergebnisqualität im Fokus der Betrachtung. Zu ersterem zählt die Umsetzung der Netzwerkstruktur mit den Fragen nach Zuverlässigkeit und Transparenz. Eine gelungene Informations- und Kommunikationskultur zeichnet sich vor allem durch einen funktionsfähigen Informationsaustausch und angemessene Konfliktbewältigung aus. Bei der Beurteilung des Ressourceneinsatzes geht es um die Einschätzung des vorhandenen Transfers innerhalb des Netzwerks, zu dem auch Weiterbildungsangebote gehören. Die vierte Unterkategorie bezieht sich auf Aspekte der Erfolgskontrolle; einerseits auf das Wissen über vereinbarte Ziele, andererseits auf regelmäßige Bilanzierungen der Ergebnisse. Die Anforderungen der Prozessqualität wurden somit in Anlehnung an den „Leitfaden für gelingende Netzwerkarbeit" folgendermaßen operationalisiert:

Erfüllen alle Netzwerkpartner zuverlässig die Vereinbarungen?
Werden die Entscheidungsabläufe transparent gemacht?
Findet der Informationsaustausch regelmäßig, gut strukturiert und gleichberechtigt statt?
*Werden Konflikte angemessen analysiert und geklärt? ***

Besteht ein guter Ressourcentransfer?

Ist das Weiterbildungsangebot ausreichend?

Sind die Ziele des Netzwerks allen bekannt?

Gibt es regelmäßige Evaluationen zur Netzwerkarbeit?

Da die Zielkriterien möglichst vollständig aus der Netzwerkkonzeption übernommen werden sollen, finden sich im Fragebogen die drei Projektziele des Leipziger Netzwerks für Kinderschutz (Stadt Leipzig, 2012) wieder:

Wurde die Zusammenarbeit der Netzwerkpartner über zuvor vorhandene Strukturen hinaus verbessert?

Konnten die Chancen für Kinder in Leipzig, gesund und gewaltfrei aufzuwachsen, erhöht werden?

Existiert für Problemfälle ein gut funktionierendes Hilfesystem?

Zur ausführlicheren Bewertung der Ergebnisqualität wird auf die Ausführungen von Groß, Holz und Boeckh (2005) zurückgegriffen. Sie unterscheiden Folgen für die Arbeit der NetzwerkpartnerInnen und Wirkungen auf die Zielgruppe. Letztere können direkt bei den Betroffenen über die Abfrage der Zufriedenheit mit Maßnahmen bzw. mit Hilfe geeigneter objektiver Erfolgsindikatoren oder indirekt über Kriterien wie TeilnehmerInnenzahlen und Abbruchraten erhoben werden. Beide Ansätze sind im Rahmen dieser Studie nicht realisierbar bzw. scheitern am Angebotsspektrum des Leipziger Netzwerks, das bislang keine eigenen Maßnahmen im Bereich der Frühen Hilfen durchführt. Somit beschränkt sich die Bewertung der Wirkungen auf die Zielgruppe auf die Einschätzungen der NetzwerkpartnerInnen. Eine positive Auswirkung auf die Arbeit der beteiligten Institutionen zeigt sich hauptsächlich in einer verbesserten Kommunikation aufgrund der Vernetzung und der Schaffung gemeinsamer innovativer Angebote. Aus beiden Aspekten lassen sich folgende Fragen ableiten:

Wurden die Angebote im Bereich der Frühen Hilfen in Leipzig durch das Netzwerk verbessert?

Werden die Angebote durch die Kooperation besser von den betroffenen Eltern angenommen?

Haben Sie mit Netzwerkpartnern gemeinsame, neue Angebote entwickelt?

Hat sich Ihre Kommunikation mit den Netzwerkpartnern durch die Zusammenarbeit verbessert?

Die Fragen wurden unter Beachtung der in Kapitel 3.2.2 genannten Kriterien zur Itemkonstruktion formuliert und angeordnet. Als Antwortmöglichkeiten stehen je nach Zustimmungsgrad zur Aussage sechs numerische Kategorien zur Auswahl, die bipolar an den Endpunkten mit *gar nicht* und *voll und ganz* bezeichnet sind. Zur Generierung qualitativer Daten wurde das Untersuchungsinstrument um zwei offene Fragen ergänzt. Zu Beginn steht die Frage nach Stärken und Schwächen des Netzwerks und deren Ursachen aus Sicht der NetzwerkpartnerInnen. Diese Frage ist bewusst allen vorangestellt, um zunächst unbeeinflusst von den darauf folgenden Themenbereichen beantwortet werden zu können. Zum Abschluss finden sich Fragen nach Verbesserungsvorschlägen und der allgemeinen Zufriedenheit mit der Netzwerkarbeit *.

Um der Hypothese nachzugehen, ob NetzwerkpartnerInnen, die bereits aktiv in einem der Qualitätszirkel oder der Projektgruppe mitgearbeitet haben, aufgrund ihres Engagements einen positiveren Blick auf die untersuchten Aspekte haben als diejenigen, die lediglich an den halbjährlichen Netzwerkkonferenzen teilnehmen, wäre es von Vorteil, die Untersuchung nicht anonym zu gestalten. Wie Raab (2010) ausführt, birgt die Erhebung von solch sensitiven Informationen wie Vertrauen innerhalb von Arbeitsbeziehungen jedoch eine zu große Gefahr der Antwortverweigerung bei nicht zugesicherter Anonymität. Aus diesem Grund wurde vor Ausgabe der Fragebögen auf der Rückseite lediglich die erste Gruppe der NetzwerkteilnehmerInnen mit einem *P* gekennzeichnet.

Das methodische Problem, dass unter Anonymität bei Vergleichen mit vorherigen Untersuchungen nicht sichergestellt ist, ob ein und dieselbe Person jeweils an der Befragung teilgenommen hat (Schöllhorn, König, Künster, Fegert & Ziegenhain, 2010), wird durch eine weiteren Strich auf der Fragebogenrückseite umgangen. Da jeweils nur einE VertreterIn aus jeder Einrichtung an der Netzwerkarbeit beteiligt ist, kann davon ausgegangen werden, dass auch nur diese Person den Fragebogen beantwortet. Ein Abgleich der TeilnehmerInnen-listen von 2009 und 2011 diente der Bestimmung der einzelnen Netzwerk-partnerInnen. Da bei der ersten Erhebung auf einer extra geführten Liste die Mitarbeit an der Evaluation vermerkt werden konnte, lassen sich somit für einen Mittelwertsvergleich zweifach Befragte identifizieren. Die mit einem Stern ge-kennzeichneten Fragen waren bereits Bestandteil der ersten Evaluation und dienen somit der Kontrolle erfolgter Veränderungen.

Zur Überprüfung der Qualität des Untersuchungsinstruments wurde zum Abschluss ein Pretest durchgeführt. 15 zufällig im Internet ausgewählte Mitglie-der anderer Netzwerke in ganz Deutschland erhielten einen Fragebogen mit der Bitte, diesen in Übertragung auf eigene Ziele und Problemstellungen auszufül-len. Sieben der Bögen kamen einschließlich einer kurzen Bewertung zurück. Die Ermittlung der Einsetzbarkeit orientierte sich an den von Raab-Steiner und Benesch (2008) aufgezählten Kriterien wie Bearbeitungsdauer, Verständlichkeit und Gestaltung. Sowohl Inhalt als auch Formulierung der Fragen und der opti-sche Eindruck erfuhren ausschließlich Lob. Die Berechnung der Mittelwerte und Standardabweichungen brachte zufriedenstellende Ergebnisse, so dass der Fragebogen unverändert blieb. Die vollständige Version einschließlich des Anschreibens befindet sich im Anhang.

3.3 Darstellung der Auswertungsmethoden

Die Fragen zur Theorie empathischer Netzwerke werden analog der von Sandra Scholz (persönliche Mitteilung, 15.10.2011) in Zusammenarbeit mit Marcus Stück entwickelten Kriterien betrachtet, nach denen vom Vorliegen eines gut entwickelten Netzwerks bei einer durchschnittlichen Item-Ausprägung von mind. 4 (auf einer Skala von 1 - 6) ausgegangen werden kann.

Für die aus dem Analyseraster „Leitfaden für gelingende Netzwerkarbeit" des Bundesverbands der Arbeiterwohlfahrt abgeleiteten geschlossenen Fragen werden im ersten Schritt Mittelwerte und Standardabweichungen der gesamten Stichprobe berechnet und die einzelnen Indikatoren hinsichtlich des Skalendurchschnitts von 3,5 als über-, unter- oder durchschnittlich beschrieben. Ein t-Test für unabhängige Stichproben soll Mittelwertunterschiede der Gruppe der ausschließlichen NetzwerkkonferenzteilnehmerInnen vs. derer, die in der Projektgruppe oder den bisherigen Qualitätszirkeln aktiv mitgearbeitet haben, überprüfen. Auf der Basis der Fragebögen der NetzwerkpartnerInnen, die vor drei Jahren bereits an der Evaluation teilgenommen haben, soll ein t-Test für abhängige Stichproben kontrollieren, ob sich seitdem Unterschiede in den Einschätzungen der betreffenden Kriterien ergeben haben. Sämtliche statistische Datenanalysen erfolgen mit Hilfe von SPSS Version 11.

Die Auswertung der anonymisierten Antworten auf die offenen Fragen geschieht mittels der vom Bundesministerium für Familie, Senioren, Frauen und Jugend (2000) für qualitative Daten empfohlenen Text-Sortier-Technik nach Beywl. Zu Beginn werden alle Erhebungsbögen und Fragen jeweils mit einem Sonderzeichen und einer fortlaufenden Kodierung gekennzeichnet und vollständig in ein Word-Dokument übertragen. Im zweiten Schritt erfolgt die Zerlegung der Textpassagen in passende Sinneinheiten. Enthält eine Antwort mehrere inhaltliche Aspekte, die später unterschiedlichen Kategorien zuzuordnen sind, werden diese jeweils getrennt gespeichert und einzeln kodiert. Die Umwandlung des Textes in eine Tabelle ermöglicht die Sortierung aller Antworten nach Fragen. Das Hauptelement der Technik besteht in der sorgfältigen Entwicklung eines geeigneten Kategoriensystems. Nach wiederholter Lektüre der Textpassagen werden mit Blick auf die zu beantwortenden Fragestellungen homogene, erschöpfende und disjunkte Kategorien gebildet, denen sich jeweils 5-30 Sinneinheiten zuordnen lassen. Die im letzten Schritt auch mit einem Kategoriencode zu versehenden Textpassagen werden in die zur Auswertung benötigte Reihenfolge gebracht und zusammenfassend beschrieben. Je nach Anforderung an den Anonymisierungsgrad der Aussagen erfolgt im Ergebnisbericht die ausführliche Beantwortung der Forschungsfragen unter oder ohne Bezugnahme der Kodierung.

Am Schluss der Auswertung stehen die Integration der quantitativen und qualitativen Ergebnisse und die Formulierung darauf aufbauender Handlungsempfehlungen für eine gelingendere Netzwerkarbeit.

3.4   Durchführung der Studie

Zum Erhebungszeitpunkt Dezember 2011 umfasste das Leipziger Netzwerk für Kinderschutz 43 Mitglieder. Da es keine formalen Kooperationsvereinbarungen gibt, zählt als Mitglied, wer die Mitarbeit im Netzwerk zugesagt und an mindestens einer Netzwerkkonferenz teilgenommen hat. Anfang Dezember wurden an alle 43 NetzwerkpartnerInnen Fragebögen verschickt mit der Bitte, diese ausgefüllt zur Netzwerkkonferenz am 15.12.2011 mitzubringen oder bei Verhinderung bis Ende Dezember an das Psychologische Institut der Universität Leipzig zurückzusenden. Zwei Tage vor der Netzwerkkonferenz folgte eine Erinnerungsmail, jedoch hatte nur eine der 15 Teilnehmenden den Fragebogen auch dabei. Bis Mitte Januar gingen 12 weitere auf dem Postweg ein. Daraufhin wurde eine weitere Mail an alle NetzwerkpartnerInnen mit der Bitte um Rückmeldung bis Ende Januar verschickt. Mitte Februar lagen insgesamt 22 Fragebögen zur Auswertung vor, was einer Rücklaufquote von 51% entspricht. 11 davon stammten von NetzwerkpartnerInnen, die aktiv in Qualitätszirkeln oder der Projektgruppe mitgewirkt hatten und 11 von TeilnehmerInnen, die bereits bei der ersten Evaluation mitgewirkt hatten.

3.5 Ergebnisdarstellung

3.5.1 Quantitative Daten

Im Folgenden wird zunächst die deskriptive Statistik der Antworten auf die geschlossenen Fragen angegeben. Auf einer sechsstufigen endpunktskalierten Skala mit den Werten 1 für *gar nicht* und 6 für *voll und ganz* sollte die Zustimmung zu den einzelnen Aspekten der Prozess- und Ergebnisqualität der Netzwerkarbeit beurteilt werden. Neben der fortlaufenden Fragennummer umfasst die Darstellung die Mittelwerte (M) und Standardabweichungen (SD) jeweils auf eine Stelle nach dem Komma gerundet, Minimum (min) und Maximum (max) sowie die Häufigkeit der Antworten (N).

Bitte beurteilen Sie die aktuelle Arbeitsweise des Netzwerks:

Nr.	Frage	M	SD	min	max	N
2	Hat jeder Netzwerkpartner die gleiche Möglichkeit, eigene Ideen einzubringen und an der Umsetzung zu arbeiten?	3,4	1,3	1	6	18
3	Erfüllen alle Netzwerkpartner zuverlässig die Vereinbarungen?	3,8	0,9	2	5	16
4	Werden die Entscheidungsabläufe transparent gemacht?	3,2	1,6	1	6	18
5	Werden Konflikte angemessen analysiert und geklärt?	3,4	1,1	2	5	17
6	Findet der Informationsaustausch regelmäßig, gut strukturiert und gleichberechtigt statt?	3,3	1,4	1	5	19
7	Verlaufen Diskussionen sachlich und konstruktiv?	4,2	1,0	3	6	18
8	Existiert die Bereitschaft der Netzwerkpartner, sich gegenseitig zu unterstützen?	4,2	1,2	2	6	18
9	Herrscht das nötige Vertrauen unter den Netzwerkpartnern?	3,8	0,9	2	5	18
10	Besteht ein guter Ressourcentransfer?	3,4	0,8	2	5	18
11	Sind die Ziele des Netzwerks allen bekannt?	3,9	1,3	2	6	19
12	Gibt es regelmäßige Evaluationen zur Netzwerkarbeit?	3,8	1,2	1	6	18
13	Ist das Weiterbildungsangebot ausreichend?	3,6	1,2	2	6	18

Bitte schätzen Sie die Ergebnisse der Netzwerkarbeit ein:

Nr.	Frage	M	SD	min	max	N
14	Wurde die Zusammenarbeit der Netzwerkpartner über zuvor vorhandene Strukturen hinaus verbessert?	3,3	1,7	1	6	18
15	Konnten die Chancen für Kinder in Leipzig, gesund und gewaltfrei aufzuwachsen, erhöht werden?	3,1	1,4	1	5	18
16	Existiert für Problemfälle ein gut funktionierendes Hilfesystem?	3,7	0,9	2	5	18
17	Wurden die Angebote im Bereich der frühen Hilfen in Leipzig durch das Netzwerk verbessert?	3,7	1,4	1	5	18
18	Werden die Angebote durch die Kooperation besser von den betroffenen Eltern angenommen?	2,7	0,9	1	4	18
19	Haben Sie mit Netzwerkpartnern gemeinsame, neue Angebote entwickelt?	2,7	1,9	1	6	19
20	Hat sich Ihre Kommunikation mit den Netzwerkpartnern durch die Zusammenarbeit verbessert?	3,5	1,5	1	6	19

Zufriedenheit mit der Netzwerkarbeit

Nr.	Frage	M	SD	min	max	N
22	Bitte kreuzen Sie an, wie zufrieden Sie mit der bisherigen Netzwerkarbeit sind.	3	1,0	2	4	16

Elf der 22 Fragebögen stammen von NetzwerkpartnerInnen, die bereits in der Projektgruppe oder einer der Qualitätszirkel mitgearbeitet haben. Für den Mittelwertvergleich mit der Stichprobe von Befragten, die bisher ausschließlich an Netzwerkkonferenzen teilgenommen haben, wird der t-Test für unabhängige Stichproben durchgeführt. Folgende Tabelle zeigt die Ergebnisse für die einzelnen Fragen; der erste Wert (1) bezieht sich jeweils auf die aktiv mitarbeitenden, der zweite (0) auf die nur teilnehmenden NetzwerkpartnerInnen.

Gruppenstatistiken

	PROJEKT	N	Mittelwert	Standardab weichung	Standardfe hler des Mittelwertes
GLEICHHE	1,00	9	3,0000	1,22474	,40825
	,00	9	3,8889	1,36423	,45474
ZUVERLÄS	1,00	10	3,6000	,96609	,30551
	,00	6	4,0000	,89443	,36515
TRANSPAR	1,00	10	3,2000	1,39841	,44222
	,00	8	3,1250	1,88509	,66648
KONFLIKT	1,00	10	3,5000	1,08012	,34157
	,00	7	3,1429	1,06904	,40406
INFOTAUS	1,00	10	3,2000	1,54919	,48990
	,00	9	3,4444	1,33333	,44444
DISKUSSI	1,00	10	4,3000	,82327	,26034
	,00	8	4,1250	1,24642	,44068
UNTERSTÜ	1,00	10	3,9000	1,19722	,37859
	,00	8	4,5000	1,06904	,37796
VERTRAUE	1,00	10	3,6000	,84327	,26667
	,00	8	4,0000	1,06904	,37796
RESSOURC	1,00	10	3,2000	,78881	,24944
	,00	8	3,6250	,91613	,32390
ZIELEBEK	1,00	10	3,9000	,99443	,31447
	,00	9	4,0000	1,58114	,52705
EVALUATI	1,00	10	3,8000	,91894	,29059
	,00	8	3,7500	1,58114	,55902
WEITERBI	1,00	10	3,5000	1,08012	,34157
	,00	8	3,7500	1,48805	,52610
ZUSAMME	1,00	10	3,1000	1,19722	,37859
	,00	8	3,5000	2,20389	,77919
CHANCEN	1,00	10	2,9000	1,10050	,34801
	,00	8	3,3750	1,68502	,59574
PROBLEMF	1,00	10	3,5000	1,08012	,34157
	,00	8	3,8750	,64087	,22658
ANGBESSE	1,00	10	3,4000	1,42984	,45216
	,00	8	4,1250	1,45774	,51539
ANGANGEN	1,00	10	2,6000	,84327	,26667
	,00	8	2,8750	,99103	,35038
NEUEANG	1,00	10	2,5000	1,90029	,60093
	,00	9	2,8889	2,02759	,67586
KOMMUN	1,00	10	3,4000	1,34990	,42687
	,00	9	3,5556	1,66667	,55556
ZUFRIEDE	1,00	7	2,7143	,95119	,35952
	,00	9	3,2222	,97183	,32394

Keiner der Mittelwertunterschiede erreicht auf dem p < 5% Niveau Signifikanz.

Da von 43 ausgeteilten Fragebögen lediglich 22 anonym zurückgeschickt wurden, ließ sich keine gepaarte Stichprobe für einen Mittelwertvergleich mit den Ergebnissen von 2009 bilden. Im Folgenden sind somit nur die Mittelwerte der diesjährigen Befragten, die auch bereits 2009 teilnahmen (Nummer 1) und aller NetzwerkpartnerInnen, die 2009 einen Fragebogen ausfüllten (Nummer 2) im Vergleich dargestellt, um eine Tendenz ablesen zu können.

Gruppenstatistiken

	ZWEINEUN	N	Mittelwert	Standardab weichung	Standardfe hler des Mittelwertes
DISKUSSI	1	7	4,43	,976	,369
	2	28	4,21	1,315	,249
KONFLIKT	1	7	3,43	,976	,369
	2	22	3,50	1,504	,321
VERTRAUE	1	7	3,71	,488	,184
	2	27	3,59	1,152	,222
ZUFRIEDE	1	7	2,714	,9512	,3595
	2	26	2,750	,9721	,1906

3.5.2 Qualitative Daten

Die Antworten auf die beiden offenen Fragen werden nachfolgend unter Angabe einer fortlaufend vergebenen Fragebogennummer anonymisiert darge-stellt.

Frage 1: Was ist Ihre Einschätzung zum Leipziger Netzwerk für Kinderschutz, welche Stärken und Schwächen besitzt es? Worin liegen Ihrer Meinung nach die Ursachen dafür?

Nr.	Aussage
1	- Stärken: genügend Möglichkeiten mit Partnern in einen Austausch zu kommen - Schwächen: viele Treffen, die gute theoretische Ansätze ins Gespräch bringen; jedoch funktioniert Umsetzung in der Praxis oft nicht (bspw. Zusammenarbeit ASD, ASD bestreitet Hilfebedarf und verweist weiter)
2	- Wir nehmen nur jedes Jahr an den Netzwerkkonferenzen teil. Wie so oft, für mehr fehlt die Zeit. Über die restliche Arbeit des Netzwerks können wir nichts sagen.

3	-	Nach meinem bisherigen Erleben funktioniert Netzwerk gut in Broschüren und in Konferenzen. Für mich ist die Kontaktknüpfung in der Praxis schwer umzusetzen, da mir selbst Zeit fehlt, den Netzwerkpartnern Fälle darzulegen, Dringlichkeiten aufzuzeigen. Den Partnern geht es oft ähnlich, Zeit für Fallgespräche zu finden.
4	- -	Es gibt zu viele Theoretiker, zu wenig praxisbezogen. Jeder arbeitet noch zuviel für sich.
5	-	Wir sind nicht der Adressat. XXX haben einen Vertreter im Netzwerk, nur von diesem können die Fragen beantwortet werden.
7	-	bei Meldung Kindeswohlgefährdung kaum bzw. keine Rückmeldung, wie Fall weiter geht (zb. Arzt -> Polizei, Beratungsstelle -> Jugendamt) Ursache: unterschiedliche Interessen der Institutionen, unterschiedliche Zielsetzungen der Institutionen
8	-	Beantworte ich nicht nochmal.
12	- -	fehlende Struktur bzw. Transparenz Angebotsübersicht des Netzwerks
14	- - - - -	zu theoretisch, wenig praxisorientiert wir erleben dieses Netzwerk als wenig gelebt und in Realität vernetzt, im Gegensatz zum Netzwerk für Kinderschutz im Leipziger Landkreis. Stärke: gut erklärt, auf dem Papier nachvollziehbar. Schwächen: nutzt zu wenig bestehende Strukturen wie Fach AG Beratungsstellen, Koordinierungsgremien gegen häusliche Gewalt, Familie in Trennung Ursachen: 1. Leipzig ist groß und hat viele Angebote. 2. bestehende Netzwerke werden nicht genutzt und zu wenig integriert 3. theoretisches Geplapper der Netzwerkkoordinatorin
16	-	Es gibt in Leipzig schon viele Netzwerke, wir haben nicht so viel Zeit um in allen viel mitzuarbeiten. Es ist auch nicht klar, was speziell das noch Besonderes will.
18	-	Die Idee ist gut, bei der Umsetzung stellt sich heraus, dass die Netzwerkpartner ungenügend informiert sind.
20	- -	Als Stärke wird erlebt: Raum, in dem sich Beteiligte unterschiedlicher Arbeitsbereiche und Professionen zum Thema Kinderschutz treffen und miteinander arbeiten können, Frau Hauk als kontinuierliche Koordinatorin, Netzwerkkonferenzen Als Schwäche wird erlebt: Die Zielgruppen des Netzwerkes sind nicht klar genug. Überschaubare gemeinsame Ziele sollten aufgestellt werden. Wer kann sich wo und womit einbringen? Transparenz und Durchlässigkeit fehlen

Frage 21: Welche Verbesserungsvorschläge haben Sie für die Arbeit im Netzwerk?

Nr.	Aussage
1	- Existenz zu vieler Netzwerke in Lpz. mit ähnlichen Anliegen -> Verlust an Übersichtlichkeit
4	- Informationen werden nicht breit genug gestreut und nicht alle Bereiche werden gleichberechtigt behandelt. Das mindert die Bereitschaft, sich einzubringen.
7	- nutzen der niederschwelligen Angebote als „Türöffner" - bessere „Kanalisierung", d.h. auch Aufstockung oder Anbindung an vorhandene Angebote (viele parallele neue Projekte schlucken Energie + Geld und sind nicht so effizient) - Vorschlag: Synergien besser nutzen (z.B. Beratungsstellen aufstocken und mit neuen Angeboten erweitern)
12	- Transparenz erhöhen, Rückmeldungen fehlen - Struktur noch mal verdeutlichen
14	- Dinge, die zur Öffentlichkeitsarbeit genutzt und verarbeitet werden, mit den einzelnen Institutionen noch mal abzustimmen - - interdisziplinäre Fallgespräche nutzen - Praxis leben und vorleben z.B. auch in den Weiterbildungsangeboten
16	- Mitglieder befragen, was genau benötigt wird, das auch umsetzen. Einladungen eher verschicken. Wahlweise das Netzwerk ganz sein lassen.
17	- Die Kooperation ist nicht so eng, deshalb können manche Fragen nicht beantwortet werden. Die Zusammenarbeit ist aber aufgrund unserer Zuständigkeiten/Aufgaben nicht so eng, das hat nichts mit dem Netzwerk an sich zu tun.
18	- Es sollte konkrete Angebote für die Eltern geben, die vom Netzwerk entwickelt wurden.

4 DISKUSSION

4.1 Interpretation der Ergebnisse

4.1.1 Auswertung quantitativer Daten

Nach der Theorie zu empathischen Netzwerken von M. Stück in Zusammenarbeit mit Sandra Scholz (2011) müssen die Fragen nach den Kernelementen Gleichberechtigung, Vertrauen, gegenseitige Unterstützung und konstruktive Kommunikation mindestens mit einem durchschnittlichen Wert von 4,8 beantwortet werden, um von einer hilfreichen Netzwerkstruktur sprechen zu können. In der vorliegenden Untersuchung zum Leipziger Netzwerk für Kinderschutz liegt bei keinem der genannten Aspekte der erforderliche Wert vor.

Nr.	Frage	M
2	Hat jeder Netzwerkpartner die gleiche Möglichkeit, eigene Ideen einzubringen und an der Umsetzung zu arbeiten?	3,4
7	Verlaufen Diskussionen sachlich und konstruktiv?	4,2
8	Existiert die Bereitschaft der Netzwerkpartner, sich gegenseitig zu unterstützen?	4,2
9	Herrscht das nötige Vertrauen unter den Netzwerkpartnern?	3,8

Aus theoretischer Sicht sind die Kommunikationsmuster somit als nicht gelungen zu beschreiben.

Im Leitfaden für gelingende Netzwerkarbeit (Groß, Holz & Boeckh, 2005), der auf der praktischen Arbeit verschiedener Modellprojekte des Bundesverbandes der Arbeiterwohlfahrt beruht, sind die erforderlichen Kriterien je nach Entwicklungsstand des Netzwerks in Konzept-, Struktur-, Prozess- und Ergebnisqualität unterteilt. Ziel der diesjährigen Evaluation war die Beurteilung der Merkmale im Bereich der Prozess- und Ergebnisqualität.

Die Prozessqualität als Bewertung der konkreten Netzwerkarbeit bezüglich Effizienz und Stabilität umfasst die Teilgebiete Umsetzung der Netzwerkstruktur, Informations- und Kommunikationskultur, Ressourceneinsatz und Erfolgskontrolle. Diese wurden mittels jeweils zweier Items erhoben. Die Beschreibungen als über-, unter- und durchschnittlich beziehen sich auf den Mittelwert von 3,5 der verwendeten Skala von 1 bis 6.

Die Beurteilung der Netzwerkstruktur ergibt ein gespaltenes Meinungsbild. Die Zuverlässigkeit der NetzwerkpartnerInnen wird überdurchschnittlich eingeschätzt, die Transparenz der Entscheidungen hingegen eher negativ.

Nr.	Frage	M
3	Erfüllen alle Netzwerkpartner zuverlässig die Vereinbarungen?	3,8
4	Werden die Entscheidungsabläufe transparent gemacht?	3,2

Informations- und Kommunikationskultur erfahren in beiden Aspekten Kritik. Sowohl die Konfliktbearbeitung als auch der Informationsaustausch werden nicht in ausreichender Qualität bewerkstelligt.

Nr.	Frage	M
5	Werden Konflikte angemessen analysiert und geklärt?	3,4
6	Findet der Informationsaustausch regelmäßig, gut strukturiert und gleichberechtigt statt?	3,3

Der Ressourceneinsatz wird als durchschnittlich gelungen wahrgenommen. Leicht negativ fällt die Bewertung des Ressourcentransfers, leicht positiv die des Weiterbildungsangebots aus.

Nr.	Frage	M
10	Besteht ein guter Ressourcentransfer?	3,4
13	Ist das Weiterbildungsangebot ausreichend?	3,6

Zufriedenstellend aus Sicht der NetzwerkpartnerInnen ist die Erfolgskontrolle. Die Ziele sind hinlänglich bekannt und werden regelmäßigen Evaluationen unterworfen.

Nr.	Frage	M
11	Sind die Ziele des Netzwerks allen bekannt?	3,9
12	Gibt es regelmäßige Evaluationen zur Netzwerkarbeit?	3,8

Die erreichten Veränderungen aufgrund der Netzwerkarbeit wurden zunächst über die Frage nach der Verwirklichung der Leistungsziele des Leipziger Netzwerks für Kinderschutz (Stadt Leipzig, 2009) erhoben. Das Vorhandensein eines funktionierenden Hilfesystems wird überwiegend bejaht, allerdings scheint dies nicht direkt auf die Netzwerkarbeit zurückzuführen zu sein, da sowohl die Zusammenarbeit der NetzwerkpartnerInnen als auch Veränderungen für die Zielgruppe in der Tendenz negativ beurteilt werden.

Nr.	Frage	M
14	Wurde die Zusammenarbeit der Netzwerkpartner über zuvor vorhandene Strukturen hinaus verbessert?	3,3
15	Konnten die Chancen für Kinder in Leipzig, gesund und gewaltfrei aufzuwachsen, erhöht werden?	3,1
16	Existiert für Problemfälle ein gut funktionierendes Hilfesystem?	3,7

Die Ergebnisqualität im Leitfaden von Groß, Holz und Boeckh (2005) wird in ihrer Wirkung auf die Zielgruppe des Netzwerks und auf die NetzwerkpartnerInnen selbst unterteilt. Da die Familien mit Kleinkindern nicht direkt befragt werden konnten, basiert die Beurteilung des Angebots in Leipzig auf den Einschätzungen der NetzwerkpartnerInnen. Eine generelle Verbesserung scheint aufgrund der Kooperation gegeben zu sein, jedoch werden die Angebote nur bedingt in höherem Maße wahrgenommen.

Nr.	Frage	M
17	Wurden die Angebote im Bereich der frühen Hilfen in Leipzig durch das Netzwerk verbessert?	3,7
18	Werden die Angebote durch die Kooperation besser von den betroffenen Eltern angenommen?	2,7

Ein ähnlich ambivalentes Bild zeigt sich bei der Wirkung auf die Netzwerk-partnerInnen. Die Vernetzung hat zu einer Verbesserung der Kommunikation geführt; neue Angebote sind daraus aber nur zum Teil entstanden.

Nr.	Frage	M
19	Haben Sie mit Netzwerkpartnern gemeinsame, neue Angebote entwickelt?	2,7
20	Hat sich Ihre Kommunikation mit den Netzwerkpartnern durch die Zusammenarbeit verbessert?	3,5

Die allgemeine Zufriedenheit mit der Arbeit des Netzwerks fällt mit einem Wert von 3 auf der Skala von 1 - 5 genau durchschnittlich aus.

Nr.	Frage	M
22	Bitte kreuzen Sie an, wie zufrieden Sie mit der bisherigen Netzwerkarbeit sind.	3,0

Mitglieder, die bereits aktiv in der Projektgruppe oder einem Qualitätszirkel mitgearbeitet haben, beurteilen bis auf die Transparenz der Entscheidungsab-läufe, die Klärung von Konflikten, die Sachlichkeit der Diskussionen sowie das Ausmaß der Evaluation alle Aspekte der Netzwerkarbeit und ihrer Ergebnisse in der Tendenz negativer als NetzwerkpartnerInnen, die lediglich an den Konferen-zen teilnehmen. Dies deutet darauf hin, dass zwar aufgrund der Involvierung Kommunikationsdefizite ausgeglichen werden können, tiefere Einblicke aber zu einer noch kritischeren Einschätzung führen.

Im Vergleich zur Erhebung von 2009 haben sich Diskussionsstil und Ver-trauen unter den NetzwerkpartnerInnen leicht verbessert, die Konfliktklärung und allgemeine Zufriedenheit mit der Arbeit jedoch etwas verschlechtert. Diese Ergebnisse stellen ebenfalls nur eine Tendenz dar, da aufgrund des geringen Rücklaufs 2012 keine Mittelwertvergleiche durchgeführt werden konnten.

4.1.2 Auswertung qualitativer Daten

Der erste Schritt der Text-Sortier-Technik nach Beywl (Bundesministerium für Familie, Senioren, Frauen und Jugend, 2000) für qualitative Daten besteht in der Zerlegung der Aussagen in einzelne Sinneinheiten, die jeweils einen inhaltlichen Aspekt darstellen. Der nächste Abschnitt umfasst die Bildung eines geeigneten Kategoriensystems, das sowohl den Textpassagen als auch den Fragestellungen der Untersuchung gerecht werden muss. Weitere Anforderungen bestehen in der Generierung disjunkter und erschöpfender Kategorien, denen jeweils ungefähr 5 - 30 Sinneinheiten zugeordnet werden können.

Da sich die Antworten auf die beiden offenen Fragen zum Teil überschneiden (bei den Verbesserungsvorschlägen werden auch Stärken und Schwächen des Netzwerks benannt; gewisse Problemlagen implizieren passende Lösungsmöglichkeiten), wurden alle Aussagen in einem Kategoriensystem zusammengefasst. Im Kapitel 4.2 findet sich die Auswertung der Verbesserungsvorschläge. Es folgt die Darstellung der Kategorien, die sich an der Einteilung der Netzwerkarbeitkriterien nach Groß, Holz und Boeckh (2005) orientiert mit den jeweils zugeordneten Textpassagen. Die Zahlen in Klammern hinter den Aussagen bezeichnen in dieser Reihenfolge die Fragebogennummer, die Fragennummer und wenn nötig, die fortlaufende Sinneinheitkodierung.

Konzeptqualität

- unterschiedliche Interessen der Institutionen, unterschiedliche Zielsetzungen der Institutionen (7-1-2)
- Stärke: gut erklärt, auf dem Papier nachvollziehbar. (14-1-3)
- Schwächen: nutzt zu wenig bestehende Strukturen wie Fach AG Beratungsstellen, Koordinierungsgremien gegen häusliche Gewalt, Familie in Trennung. Ursachen: 1. Leipzig ist groß und hat viele Angebote. 2. bestehende Netzwerke werden nicht genutzt und zu wenig integriert (14-1-4)
- Es gibt in Leipzig schon viele Netzwerke, wir haben nicht so viel Zeit um in allen viel mitzuarbeiten. Es ist auch nicht klar, was speziell das noch Besonderes will. (16-1)

- Die Idee ist gut (18-1)
- Existenz zu vieler Netzwerke in Lpz. mit ähnlichen Anliegen -> Verlust an Übersichtlichkeit (1-21)
- bessere „Kanalisierung", d.h. auch Aufstockung oder Anbindung an vorhandene Angebote (viele parallele neue Projekte schlucken Energie + Geld und sind nicht so effizient) Vorschlag: Synergien besser nutzen (z.B. Beratungsstellen aufstocken und mit neuen Angeboten erweitern) (7-21-2)
- Mitglieder befragen, was genau benötigt wird, das auch umsetzen. (16-21-1)
- Wahlweise das Netzwerk ganz sein lassen. (16-21-3)

Prozessqualität

Umsetzung der Netzwerkstruktur

- Stärken: genügend Möglichkeiten mit Partnern in einen Austausch zu kommen (1-1-1)
- Schwächen: viele Treffen, die gute theoretische Ansätze ins Gespräch bringen (1-1-2)
- Es gibt zu viele Theoretiker, zu wenig praxisbezogen. (4-1-1)
- fehlende Struktur bzw. Transparenz (12-1-1)
- zu theoretisch, wenig praxisorientiert (14-1-1)
- theoretisches Geplappere der Netzwerkkoordinatorin (14-1-5)
- Als Stärke wird erlebt: Raum, in dem sich Beteiligte unterschiedlicher Arbeitsbereiche und Professionen zum Thema Kinderschutz treffen und miteinander arbeiten können (20-1-1)
- Frau Hauk als kontinuierliche Koordinatorin (20-1-2)
- Netzwerkkonferenzen (20-1-3)
- und nicht alle Bereiche werden gleichberechtigt behandelt. Das mindert die Bereitschaft, sich einzubringen. (4-21-2)

Informations- und Kommunikationskultur

- bei Meldung Kindeswohlgefährdung kaum bzw. keine Rückmeldung, wie Fall weiter geht (zb. Arzt -> Polizei, Beratungsstelle -> Jugendamt) (7-1-1)
- bei der Umsetzung stellt sich heraus, dass die Netzwerkpartner ungenügend informiert sind (18-1-2)
- Wer kann sich wo und womit einbringen? (20-1-5)
- Transparenz und Durchlässigkeit fehlen (20-1-6)
- Informationen werden nicht breit genug gestreut (4-21-1)
- Transparenz erhöhen, Rückmeldungen fehlen (12-21-1)
- Struktur noch mal verdeutlichen (12-21-2)
- Dinge, die zur Öffentlichkeitsarbeit genutzt und verarbeitet werden, mit den einzelnen Institutionen noch mal abzustimmen (14-21-1)
- Einladungen eher verschicken (16-21-2)

Erfolgskontrolle

- Als Schwäche wird erlebt: Die Zielgruppen des Netzwerkes sind nicht klar genug. Überschaubare gemeinsame Ziele sollten aufgestellt werden. (20-1-4)

Ergebnisqualität

- jedoch funktioniert Umsetzung in der Praxis oft nicht (bspw. Zusammenarbeit ASD, ASD bestreitet Hilfebedarf und verweist weiter) (1-1-3)
- Nach meinem bisherigen Erleben funktioniert Netzwerk gut in Broschüren und in Konferenzen. Für mich ist die Kontaktknüpfung in der Praxis schwer umzusetzen, da mir selbst Zeit fehlt, den Netzwerkpartnern Fälle darzulegen, Dringlichkeiten aufzuzeigen. Den Partnern geht es oft ähnlich, Zeit für Fallgespräche zu finden. (3-1)
- Jeder arbeitet noch zuviel für sich. (4-1-2)
- Angebotsübersicht des Netzwerks (12-1-2)
- Wir erleben dieses Netzwerk als wenig gelebt und in Realität vernetzt, im Gegensatz zum Netzwerk für Kinderschutz im Leipziger Landkreis. (14-1-2)

- Es sollte konkrete Angebote für die Eltern geben, die vom Netzwerk entwickelt wurden. (18-21)

Verbesserungsvorschläge

- nutzen der niederschwelligen Angebote als „Türöffner" (7-21-1)
- bessere „Kanalisierung", d.h. auch Aufstockung oder Anbindung an vorhandene Angebote (viele parallele neue Projekte schlucken Energie + Geld und sind nicht so effizient) Vorschlag: Synergien besser nutzen (z.B. Beratungsstellen aufstocken und mit neuen Angeboten erweitern) (7-21-2)
- Transparenz erhöhen, Rückmeldungen fehlen (12-21-1)
- Struktur noch mal verdeutlichen (12-21-2)
- Dinge, die zur Öffentlichkeitsarbeit genutzt und verarbeitet werden, mit den einzelnen Institutionen noch mal abzustimmen (14-21-1)
- interdisziplinäre Fallgespräche nutzen (14-21-2)
- Praxis leben und vorleben z.B. auch in den Weiterbildungsangeboten (14-21-3)
- Mitglieder befragen, was genau benötigt wird, das auch umsetzen. (16-21-1)
- Einladungen eher verschicken (16-21-2)
- Wahlweise das Netzwerk ganz sein lassen. (16-21-3)
- Es sollte konkrete Angebote für die Eltern geben, die vom Netzwerk entwickelt wurden. (18-21)

keine Aussage

- Wir nehmen nur jedes Jahr an den Netzwerkkonferenzen teil. Wie so oft, für mehr fehlt die Zeit. Über die restliche Arbeit des Netzwerks können wir nichts sagen. (2-1)
- Wir sind nicht der Adressat. XXX haben einen Vertreter im Netzwerk, nur von diesem können die Fragen beantwortet werden. (5-1)
- Beantworte ich nicht nochmal. (8-1)
- Die Kooperation ist nicht so eng, deshalb können manche Fragen nicht beantwortet werden. Die Zusammenarbeit ist aber aufgrund unserer Zuständigkeiten/Aufgaben nicht so eng, das hat nichts mit dem Netzwerk an sich zu tun. (17-21)

Die Konzeptqualität war nicht geplanter Bestandteil der vorliegenden Evaluation, aufgrund offensichtlicher Mängel in diesem Bereich finden sich in den Antworten jedoch neun Aussagen zu diesem Thema. Die gründliche Vorbereitung des Netzwerks stellt eine wichtige Voraussetzung für ein späteres Gelingen der Kooperation dar (AWO Bundesverband e. V., 2004). Teilschritte, die in dieser Phase geleistet werden müssen, sind neben der Suche nach ProjektpartnerInnen und der Feststellung deren eventuellen Fortbildungsbedarfs die systematische Sammlung von Informationen zur Zielgruppe, der Problemsituation und geeigneten Maßnahmen zu deren Behebung. Diese Aufgaben wurden entweder zufriedenstellend gelöst oder deren Fehlen nicht als Mangel wahrgenommen; es finden sich keine Äußerungen dazu. Fünf Antworten beziehen sich auf die weitere Anforderung, vor Beginn einer jeden Vernetzung sowohl den tatsächlichen Bedarf danach als auch die internen Voraussetzungen der KooperationspartnerInnen dazu gründlich zu überprüfen. Da es in Leipzig bereits unterschiedliche Netzwerke mit ähnlichen Anliegen gibt, fehlt einigen TeilnehmerInnen die Zeit, sich in das untersuchte umfangreich einzubringen. Die fehlende Anbindung an bestehende Strukturen wird bemängelt und die Notwendigkeit der Gründung eines weiteren Projekts in Abrede gestellt. Eine andere Antwort beinhaltet die Kritik an der nicht ausreichend erfolgten gemeinsamen Klärung der Motive und Interessen der beteiligten Institutionen. Weiterhin scheint die Formulierung der Anliegen und Ziele der Kooperation nicht mit allen NetzwerkpartnerInnen erfolgt zu sein. Lediglich der Aspekt des Arbeitskonzepts wird positiv konnotiert, indem die Idee der Vernetzung und die theoretische Erklärung lobend hervorgehoben werden.

Im Rahmen der Prozessqualität erfolgt die Bilanzierung der eigentlichen Arbeit des Netzwerks. Es wird überprüft, inwieweit die Vorbereitung erfolgreich genug war, um stabile und effiziente Arbeitsabläufe zu gewährleisten. Wenn Defizite sichtbar werden, sind die konzeptionellen und strukturellen Grundlagen entsprechend zu optimieren. Innerhalb des Teilbereichs Umsetzung der Netzwerkstruktur werden die Qualitätsaspekte zuverlässige Aufgabenerfüllung und Bedarf nach weiteren NetzwerkpartnerInnen nicht erwähnt. Eine negative Nennung erfahren jeweils die fehlende Transparenz und Gleichberechtigung. Die meisten Aussagen beziehen sich auf die Netzwerkstruktur im Allgemeinen.

Dreimal werden die Möglichkeiten zum Austausch gelobt, die Netzwerkkonferenzen sowie die kontinuierliche Koordination jeweils einmal. Es beziehen sich jedoch auch drei Befragte auf das ungleiche Verhältnis von Theorie und Praxis zum Nachteil der Praxis, sowohl die NetzwerkpartnerInnen als auch inhaltliche Dimensionen betreffend.

Das Hauptstück jeder Netzwerkarbeit ist eine gut funktionierende Informations- und Kommunikationskultur. Bedauerlicherweise erfährt diese die meiste Kritik im Rahmen dieser Evaluation. In fünf Fragebögen wird allgemein der unzureichende Informationsfluss bemängelt. In zwei weiteren Anmerkungen findet sich die Konkretisierung, dass die Einladungen zu den Netzwerkkonferenzen zu spät verschickt werden und nicht deutlich genug kommuniziert wird, wo man sich in welcher Form in die Arbeit einbringen kann. Des Weiteren betonen zwei Befragte, dass Rückmeldungen zu weitergeleiteten Fällen nicht zufriedenstellend erfolgen und Materialien zur Öffentlichkeitsarbeit nicht genügend mit den beteiligten Institutionen abgestimmt werden.

Die Erfolgskontrolle mit den Fragen nach ausreichender Kenntnis über Ziele und der Überprüfung ihrer Angemessenheit findet eine negative Erwähnung. Darin wird ausgeführt, dass die Zielgruppe des Netzwerks nicht klar definiert ist und die gemeinsame Entwicklung überschaubarer Ziele aussteht.

Die Kontrolle der Zielerreichung ist der Hauptbestandteil einer Evaluation. Dabei wird einerseits die Wirkung auf die Zielgruppe untersucht, andererseits die Effekte auf die Arbeit der NetzwerkpartnerInnen selbst. Die gemeinsame Angebotsübersicht als Ergebnis der Zusammenarbeit wird von einem/r TeilnehmerIn positiv beurteilt. Erwähnt wird in diesem Zusammenhang aber auch, dass aus dem Netzwerk bislang keine neuen Angebote hervorgegangen sind. Vier Befragte beschreiben die Zusammenarbeit in der Praxis als überwiegend misslungen, was auf Zeitmangel und fehlende Kooperation speziell im Leipziger Netzwerk für Kinderschutz zurückgeführt wird.

Von 22 eingegangenen Fragebögen blieben vier gänzlich unausgefüllt, mit dem Hinweis aufgrund der geringen Berührungspunkte keine Aussagen zum Netzwerk treffen zu können. Da jedeR NetzwerkpartnerIn auch über die Netzwerkkonferenzen hinaus ausreichend über die laufende Arbeit informiert werden sollte, unterstreicht dies die Aussagen zur Unzulänglichkeit des Kommunikationssystems.

4.1.3 Integration und Interpretation quantitativer und qualitativer Daten

Die Integration und Interpretation der Daten soll anhand der eingangs formulierten Forschungsfragestellungen vorgenommen werden. Zunächst folgt jedoch eine Bewertung der Konzeptqualität, auch wenn sie vier Jahre nach Netzwerkgründung kein intendierter Gegenstand des Evaluationsvorhabens war. Als Antworten auf die offenen Fragen tauchte dieses Themengebiet gleichwohl mehrfach auf. Die Idee des Netzwerks an sich findet lobende Erwähnung, der Bedarf einer Neugründung über bereits bestehende Strukturen hinaus wird allerdings in Frage gestellt. Weitere Meilensteine der Konzeptphase wie die gemeinsame Zielformulierung und Klärung der Motive zur Teilnahme scheinen ebenfalls in nicht zufriedenstellendem Maße realisiert worden zu sein.

Wie gestaltet sich die Prozessqualität des Leipziger Netzwerks für Kinderschutz?

Die Umsetzung der Netzwerkstruktur ist in einigen Teilen gelungen. Positiv hervorgehoben wird die Möglichkeit, auf Netzwerkkonferenzen in Austausch mit den relevanten AkteurInnen im Bereich Kinderschutz zu kommen. Auch die Zuverlässigkeit der NetzwerkpartnerInnen wird als ausreichend gegeben bewertet. Jedoch erfährt die theorielastige inhaltliche Ausrichtung der Netzwerkarbeit wiederholt Kritik. Zahlreiche Äußerungen weisen ebenso auf Defizite bei der Transparenz der Entscheidungsfindung hin. Ferner liegt die Beurteilung der Informations- und Kommunikationskultur durchgehend auf niedrigem Niveau. Der Hauptkritikpunkt dabei ist der unbefriedigende allgemeine Informationsaustausch; im Einzelnen werden auch fehlende Rückmeldungen zu weitergeleiteten Fällen, mangelnde Absprachen bei der Öffentlichkeitsarbeit und unzulängliche Informationen über Möglichkeiten der Mitarbeit genannt. Der Ressourcentransfer unter den NetzwerkteilnehmerInnen wird als wenig gelungen wahrgenommen. Die Einschätzung der Weiterbildungsangebote fällt hingegen positiv aus. Die Erfolgskontrolle bietet ein uneinheitliches Bild. Von einigen Befragten wird die Bekanntheit der Ziele positiv gesehen; andere merken an, dass keine klaren und überschaubaren Ziele gemeinsam entwickelt wurden. Die Evaluation der Arbeit wird als ausreichend vorhanden bewertet.

Wie lässt sich die Ergebnisqualität beurteilen?

Bei der Betrachtung der Ergebnisqualität muss unterschieden werden in Effekte auf die anvisierte Zielgruppe und auf die Arbeit der NetzwerkpartnerInnen selbst. Die Einschätzung der letzteren fällt überwiegend negativ aus. Bemängelt werden die fehlende Entwicklung von neuen gemeinsamen Angeboten sowie die unzureichende Kommunikation und Zusammenarbeit, die vor allem auf Zeit- und Motivationsprobleme zurückgeführt werden. Aus Sicht der NetzwerkpartnerInnen hat sich die Situation für betroffene Familien in Leipzig ebenfalls kaum verbessert. Zwar existiert ein funktionsfähiges Hilfesystem für Notfälle, allerdings scheint dies nicht explizit durch die Arbeit des Netzwerks für Kinderschutz entstanden zu sein. Die Beurteilung der gesteigerten Chancen für Kinder auf ein gesundes und gewaltfreies Aufwachsen ist verhalten.

Wie zufrieden sind die NetzwerkpartnerInnen mit der Zusammenarbeit?

Die Einschätzung der Zufriedenheit mit der Netzwerkarbeit liegt auf mittlerem Niveau. NetzwerkpartnerInnen, die aktiv in der Projektgruppe oder einem Qualitätszirkel mitgewirkt haben, sind dabei im Schnitt leicht unzufriedener als diejenigen, die ausschließlich an Netzwerkkonferenzen teilnehmen.

Kann das Netzwerk als empathisches Netzwerk bezeichnet werden?

Die Kriterien zur Charakterisierung eines empathischen Netzwerks werden als nicht gegeben beschrieben. Notwendige Voraussetzungen für gelingende Kommunikation sind vorrangig Gleichberechtigung, Vertrauen, gegenseitige Unterstützung und konstruktive Diskussionsformen. Diese Aspekte erreichen durchgehend nicht den gewünschten Wert in der Beurteilung durch die NetzwerkpartnerInnen.

Gibt es signifikante Verbesserungen seit der Erhebung im Jahr 2009?

Da aufgrund des zu geringen Rücklaufs bei dieser Evaluation kein Mittelwertevergleich mit den Ergebnissen von 2009 durchgeführt werden konnte, lassen sich nur Aussagen über Tendenzen treffen. Diese zeigen für 2012 eine positivere Beurteilung von Aspekten der Prozessqualität, allerdings eine leicht geringere Gesamtzufriedenheit mit der Netzwerkarbeit im Vergleich zum ersten Erhebungszeitpunkt.

4.2 Handlungsempfehlungen

Wie in Kapitel 2.3.2.2 ausgeführt, zeigt die Erfahrung zahlreicher Vernetzungstätigkeiten, dass diese weitaus erfolgreicher waren, wenn dabei auf bereits vorhandene Formationen zurückgegriffen wurde. Auch das Bundeskinderschutzgesetz und selbst die Konzeption der Netzwerke für Kinderschutz in
Sachsen sprechen vom Ausbau bestehender Strukturen, jedoch wurde dies in
Leipzig selbst nicht realisiert. So existieren neben dem Netzwerk für Kinderschutz auch noch zahlreiche andere Zusammenschlüsse auf diesem Gebiet wie
das Netzwerk Frühe Hilfen, das Netzwerk Eltern- und Familienbildung, das
Netzwerk gegen Häusliche Gewalt und Stalking oder das Netzwerk pregnant.
Daher ist es nicht verwunderlich, dass sich verschiedene Äußerungen der Eva-
luationsteilnehmerInnen auf die Frage nach der Notwendigkeit eines weiteren
Netzwerks beziehen, die Anbindung an bewährte Strukturen bemängeln und
fehlende Zeitressourcen als Ursache für geringes Engagement genannt werden.
Im Blickpunkt des Interesses sollten die Zielgruppe, deren Problemlagen und
Bedarf nach passgenauen Angeboten stehen und nicht die Vernetzung selbst.
Aus diesem Grund scheint es geboten, der Forderung einiger Befragter nachzu-
kommen und die in Leipzig parallel bestehenden energie-, zeit- und geldauf-
wändigen Projekte zu kanalisieren. Empfehlenswert sind hierbei grundsätzliche
Gespräche mit den genannten Netzwerken über mögliche Formen einer verein-
ten und effizienteren Arbeit auf dem Gebiet des Kinderschutzes in Leipzig.

Ein weiterer Handlungsbedarf innerhalb der Konzeptqualität wurde hinsichtlich der Zielformulierungen deutlich. Es fehlen gemeinsam ausgehandelte spezifische und terminierte Ziele, die die Grundlage einer fundierten Erfolgskontrolle
darstellen. Der zusätzlichen Kritik an der zu theoretischen Ausrichtung der
Netzwerkarbeit sowie den gefundenen Defiziten aus den Bereichen Struktur-,
Prozess- und Ergebnisqualität ließe sich mit Hilfe einer Open-Space Veranstaltung begegnen. Bekannt in der ursprünglichen Variante als 2,5 Tage-Seminar
haben sich auch Kurzformen, wie sie im Rahmen einer Netzwerkkonferenz
durchgeführt werden könnten, bewährt (Owen, 2001). Die Methode dient der
selbstbestimmten und motivierten Bearbeitung von Anliegen innerhalb einer

umfangreichen Gruppe. Im Anschluss an die Vorstellung der Arbeitsweise erhält jedeR TeilnehmerIn die Möglichkeit, ein Thema vorzustellen oder sich einer bereits bestehenden Arbeitsgruppe anzuschließen. Während einer bestimmten Zeitspanne wird in diesen dann an einem gewählten Projekt frei gearbeitet. Wechsel zu anderen Gruppen sind jederzeit möglich und erwünscht. In einer Abschlussrunde werden die Ergebnisse vorgestellt und die Umsetzung geplant und festgeschrieben. Dieses Vorgehen dient der Entwicklung neuer Ideen und fördert sowohl gegenseitiges Verständnis als auch die Motivation, sich an der Realisierung der Maßnahmen nachhaltig zu beteiligen. Auf diese Weise ließe sich der genannten Forderung nach Befragung der NetzwerkpartnerInnen und Umsetzung deren Vorschläge in großem Maße nachkommen.

Im Handbuch „Qualitätsentwicklung für lokale Netzwerkarbeit" (AWO Bundesverband e. V., 2004) findet sich die Beschreibung der unterschiedlichen Aufgaben und Funktionen innerhalb eins Netzwerks. Neben der Rolle eines/r Koordinators/in, der/die vor allem für die Vermittlung der Projektidee, der Bereitstellung der notwendigen Ressourcen, der Vorbereitung von Entscheidungen, Strukturierung und Vermittlung verantwortlich ist, werden weitere Anforderungen in der Moderation, der Öffentlichkeitsarbeit, der Vertretung der Betroffenen, der Bilanzierung der Arbeit, der Akquise von Geldgebern und vielem mehr gesehen. Es empfiehlt die gleichmäßige Verteilung der Verantwortlichkeiten auf verschiedene KooperationspartnerInnen. Im Leipziger Netzwerk werden diese Aufgaben vorrangig von der Person der Koordinatorin ausgefüllt, was zur Überforderung führen und die teilweisen Defizite in der Ausgestaltung erklären kann. Bei einer Delegation dieser Angelegenheiten an weitere NetzwerkpartnerInnen muss allerdings der nicht unerhebliche zusätzliche Arbeitsaufwand im Blick behalten und entsprechend ausgeglichen werden.

Die identifizierten Mängel innerhalb der Kategorien Struktur- und Prozessqualität können, wie beschrieben, im Rahmen einer Open-Space Veranstaltung gemeinschaftlich bearbeitet werden. Dabei ließe sich klären, wie die mangelhaft wahrgenommene Transparenz hergestellt werden könnte, welchen möglichen neuen Aufgaben sich das Netzwerk widmen sollte und wie die praktische Zusammenarbeit der NetzwerkpartnerInnen zu optimieren sei. Es ist zu befürworten, dass regelmäßig verschickte Newsletter über die Arbeit der Qualitätszirkel und der Projektgruppe Bericht erstatten, um den Informationsfluss innerhalb des Netzwerks zu verbessern. Dabei ließen sich ebenfalls Möglichkeiten zur Mitarbeit aufzeigen und gewünschte Rückmeldungen zu Fällen oder Projekten geben.

Aus ethischen und wirtschaftlichen Gründen ist bei der Durchführung jeglicher Maßnahmen im Bereich der Frühen Hilfen von Anfang an eine umfassende wissenschaftliche Evaluation geboten. Zur Überprüfung der Wirksamkeit der Netzwerkarbeit ist es vonnöten, mit Hilfe geeigneter Kriterien bereits vorab die Situation der NetzwerkpartnerInnen sowie der Zielgruppe zu erfassen und diese in regelmäßigen Abständen erneut zu bilanzieren. Dies war kein Bestandteil der Planung des Leipziger Netzwerks, es könnte allerdings jetzt darauf hingewirkt werden, in Zusammenarbeit mit einem Lehrstuhl der Leipziger Universität oder der Fachhochschule im Rahmen von Master- oder Doktorarbeiten für eine kontinuierliche Evaluation zu sorgen. Aufgrund der Ähnlichkeit mit den Arbeitsbedingungen in den anderen sächsischen Projektstandorten bietet sich eine Standardisierung der Erhebungsinstrumente zur Erweiterung der Aussagekraft an.

Positiv beschriebene Aspekte der Netzwerkarbeit wie das theoretische Konzept, die halbjährlichen Netzwerkkonferenzen und die Möglichkeiten zur Weiterbildung sind fortzuführen.

4.3 Kritische Methodenreflexion

Aus logistischen Gründen ließ sich die Evaluation nicht mit einer Kontrollgruppe verwirklichen. Wenn jedoch das Bewertungsziel nicht im Vergleich verschiedener Maßnahmen besteht, sondern die Erfüllung vorher festgelegter Kriterien im Fokus hat, ist dies vernachlässigbar. Des Weiteren fehlen Vergleichsdaten aus der Zeit vor der Netzwerkgründung, somit können keine belegbaren Kausalzusammenhänge zwischen der Netzwerkarbeit und den erhobenen Qualitätsaspekten hergestellt werden. Bei der Fragestellung wurde versucht, dies mit Formulierungen wie „ ... über zuvor vorhandene Strukturen hinaus verbessert" oder „ ... durch die Zusammenarbeit" zu kompensieren. Die Beurteilungen spiegeln zudem ausschließlich das subjektive Empfinden der NetzwerkpartnerInnen wider; eine Befragung der Zielgruppe der Netzwerkarbeit war nicht durchführbar.

Da bei der vorliegenden Evaluation auf kein etabliertes Erhebungsinstrument zurückgegriffen werden konnte und sich im Rahmen dieser Studie neben der Fragebogenkonstruktion keine weiterführenden Untersuchungen bezüglich Objektivität, Reliabilität und Validität realisieren ließen, kann die Frage nach erfüllten Gütekriterien nicht vollständig beantwortet werden. Durch eine sorgfältige Itemableitung aus wissenschaftlicher und empirischer Literatur unter Beachtung der empfohlenen Leitlinien zur Fragenformulierung wurde jedoch versucht, diesen so weit wie möglich zu entsprechen. Aus Gründen der notwendigen Kürze des Erhebungsinstrumentes zur Befragung beruflich stark eingespannter FunktionsträgerInnen war es ebenfalls nicht möglich, die interessierenden Aspekte der Netzwerkarbeit jeweils mittels verschiedener Items zu erfassen, um Messfehlerungenauigkeiten zu reduzieren. Wie in Kapitel 2.4.2 ausgeführt, müssen bei Evaluationen oft zugunsten praktischer Anforderungen Abstriche an der wissenschaftlichen Ideallösung vorgenommen werden.

Prinzipiell besteht beim Versand von Fragebögen im Gegensatz zu persönlichen Interviews die Gefahr von Unklarheiten über Formulierungen oder den generellen Beantwortungsmodus. Mit Hilfe eines Vortests wurde versucht, diese so weit wie möglich zu vermeiden. Raab-Steiner und Benesch (2008) beschreiben darüber hinaus eventuelle Antwortverfälschungstendenzen wie absichtliche Manipulation, Ja-Sage Neigung, Bevorzugung bestimmter Kategorien oder Reaktionen aufgrund sozialer Erwünschtheit. Es existieren unterschiedliche Lösungsmöglichkeiten zur Kontrolle dieser Tendenzen, die inhaltlich jedoch nicht in den entwickelten Fragebogen gepasst hätten. Angesichts der anonymen Beurteilung eines für die eigene Arbeit nur marginal bedeutsamen Netzwerks ist jedoch nicht vom Auftreten genannter Schwierigkeiten auszugehen.

Da aus Kostengründen beim Druck und Versand auf Möglichkeiten des Jugendamts zurückgegriffen wurde, mussten Abstriche am Fragebogendesign in Kauf genommen werden. Farbstreifen auf dem Anschreiben und eine geringere Papierqualität könnten zu einer verminderten Teilnahmemotivation geführt haben. Verspätungen beim Versand sowohl des Fragebogens als auch der Erinnerungsmail ließen die Zeitspanne zum Abgabetermin knapp werden. Erst nach der Erhebung kam der Evaluatorin die Idee, auf einem Extrablatt die Frage nach einem Auskunftswunsch zu den Studienergebnissen anzufügen und dazu die E-Mail-Adresse abzufragen. Dies hätte die TeilnehmerInnenzahl erhöhen können und auf jeden Fall zu mehr Transparenz und Information geführt. Mit nur 22 ausgefüllten Fragebögen mangelt es der Studie unter Umständen an Repräsentativität.

4.4 Fazit

In der Praxis gelingt es der Kinder- und Jugendhilfe oft nur schwer, Zugang zu hoch belasteten Familien mit Säuglingen und Kleinkindern zu finden und sie zur dauerhaften Teilnahme an Hilfsmaßnahmen zu motivieren (Roggman, Cook, Peterson & Raikes, 2008). Vernetzte Frühe Hilfen können in diesem Bereich einen wertvollen Beitrag leisten; dank der deutlich positiver konnotierten Angebote des Gesundheitswesens lassen sich über diesen Zugang Beeinträchtigungen schneller erkennen und somit mindern. Es mangelt in Deutschland jedoch an verlässlichen Erkenntnissen über die Wirksamkeit und Effizienz der verschiedenen Programme und darüber, wie sich erfolgreiche Kooperationsbeziehungen zwischen den einzelnen Hilfssystemen aufbauen und aufrechterhalten lassen (Lengning & Zimmermann, 2009). Hier besteht dringender Bedarf an aussagekräftigen längsschnittlichen Evaluationsstudien.

2008 begann in Sachsen das von der Landesregierung initiierte Modellprojekt „Netzwerke für Kinderschutz", in dessen Rahmen vier Gebietskörperschaften beim Ausbau der interdisziplinären Kooperationen unterstützt wurden. Die vorliegende Studie hatte das Ziel, die Prozess- und Ergebnisqualität des Leipziger Netzwerks für Kinderschutz zu evaluieren und darauf aufbauend Handlungsempfehlungen für eine Verbesserung der Zusammenarbeit zu geben. Basierend auf der umfangreichen Sammlung von Kriterien zur gelingenden Netzwerkarbeit von Groß, Holz und Boeckh (2005) wurde ein Erhebungsinstrument entwickelt, das allen 43 NetzwerkpartnerInnen postalisch zuging. Mit Hilfe statistischer sowie qualitativer Auswertungsmethoden wurden die Fragestellungen der Untersuchung beantwortet und die Ergebnisse der Projektkoordination zurückgemeldet.

Im Bereich der Konzeptqualität zeigten sich zwei zentrale Defizite. Zum Einen wird der Bedarf nach einer Netzwerkneugründung trotz vorhandener und gut funktionierender Kooperationen in Leipzig in Frage gestellt. Der damit im Zusammenhang stehende weitere Kritikpunkt betrifft das Fehlen klarer, messbarer und konsensfähiger Zielvorstellungen. Innerhalb der Prozessqualität werden der unzureichende Informationsaustausch und mangelhafte Transparenz bei der Entscheidungsfindung beschrieben. Die Beurteilungen der Ergebnisse der Netzwerkarbeit fallen ebenfalls nicht zufriedenstellend aus. Die Situation der Kinder hat sich aus Sicht der NetzwerkpartnerInnen kaum verbessert, die Angebote werden aufgrund der gemeinsamen Bemühungen nicht vermehrt von Eltern angenommen. Es empfehlen sich grundsätzliche Gespräche aller Beteiligten über die Ausrichtung der Netzwerkarbeit, wie sie zum Beispiel im Rahmen einer Open-Space-Veranstaltung realisiert werden könnten.

Abschließend soll die Bedeutung sorgfältiger Evaluationen jeglicher Kinderschutzmaßnahmen erneut hervorgehoben werden. In Zeiten knapper öffentlicher Gelder, aber vor allem im Hinblick auf das Wohl der Betroffenen sind fundierte wissenschaftliche Erkenntnisse über wirksame und effiziente Programme vonnöten. In Zusammenarbeit mit einem Lehrstuhl der Leipziger Universität oder der Fachhochschule ließe sich im Rahmen von Praktika oder Abschlussarbeiten kostengünstig eine kontinuierliche Begleitforschung verwirklichen. Weitere Schwerpunkte könnten dabei neben der bisherigen Arbeit auch in der Befragung Leipziger Familien und der Unterstützung bei der Umsetzung der erarbeiteten Handlungsempfehlungen liegen.

LITERATURVERZEICHNIS

AWO Bundesverband e. V. (Hrsg.). (2004). *Qualitätsentwicklung für lokale Netzwerkarbeit.* Bonn: Author.

Bilukha, O., Hahn, R. A., Crosby, A., Fullilove, M. T., Liberman, A., Moscicki, E., Snyder, S., Tuma, F., Corso, P., Schofield, A., Briss, P. A. & Task Force on Community Preventive Services (2005). The effectiveness of early childhood home visitation in preventing violence. *American Journal of Preventive Medicine, 28,* 11–39.

Birkle, A. & Hildebrand, A. (2008). Sozialraumkoordination in Köln Höhenberg/Vingst. In H. Schubert (Hrsg.), *Netzwerkmanagment: Koordination von professionellen Vernetzungen – Grundlagen und Beispiele.* (S. 241-252). Wiesbaden: VS Verlag für Sozialwissenschaften.

Bortz, J. & Döring, N. (2006). *Forschungsmethoden und Evaluation für Human- und Sozialwissenschaftler.* Berlin: Springer.

Breuksch, B.-M. & Engelberg, K. (2008). Netzwerkaufbau für die Weiterentwicklung von Kindertageseinrichtungen zu Familienzentren in Nordrhein-Westfalen. In H. Schubert (Hrsg.), *Netzwerkmanagement: Koordination von professionellen Vernetzungen – Grundlagen und Beispiele.* (S. 188-205). Wiesbaden: VS Verlag für Sozialwissenschaften.

Bundesministerium für Familie, Senioren, Frauen und Jugend (2000). *Zielgeführte Evaluation von Programmen: ein Leitfaden.* Berlin: Author.

Bundesministerium für Familie, Senioren, Frauen und Jugend. (2009). *13. Kinder- und Jugendbericht: Bericht über die Lebenssituation junger Menschen und die Leistungen der Kinder- und Jugendhilfe in Deutschland.* Berlin: Author.

Bundesregierung. (2011). *Drucksache 202/11: Entwurf eines Gesetzes zur Stärkung eines aktiven Schutzes von Kindern und Jugendlichen (Bundeskinderschutzgesetz – BkiSchG)*. Berlin: Author.

Englisch, A. (2010). *Evaluation des Netzwerks für Kinderschutz Leipzig: Ergebnisse, Interpretationen, Handlungsempfehlungen*. München: GRIN Verlag.

Fegert, J. M., Berger, C., Klopfer, U., Lehmkuhl, U. & Lehmkuhl, G. (2001). *Umgang mit sexuellem Missbrauch: Institutionelle und individuelle Reaktionen*. Münster: Votum Verlag.

Fergusson, D. M. & Lynskey, M. T. (1997). Physical punishment: Maltreatment during childhood and adjustment in young adulthood. *Child abuse and neglect , 21,* 617-630.

Goodson, B. D., Layzer, J. I., St.Pierre, R. G. & Bernstein, L. S. (2000). Good Intentions are Not Enough: A Response to Gilliam, Ripple, Zigler, and Leiter. *Early Childhood Research Quarterly, 15,* 61–66.

Groß, D., Holz, G. & Boeckh, J. (2005). *Qualitätsentwicklung für lokale Netzwerkarbeit: Ein Evaluationskonzept und Analyseraster zur Netzwerkentwicklung*. Frankfurt am Main: ISS.

Hauk, S. (2011). *Das Leipziger Netzwerk für Kinderschutz und Frühe Hilfen*. Zugriff am 14. November 2011 unter http://www.leipzig.de/imperia/md/ content/51_jugendamt/hilfenzurerziehung/7._nwk_vortrag_frau_hauk.pdf

Hensen, G. & Rietmann, S. (2008). Systematische Gestaltung früher Hilfezugänge: Entwicklungspsychologische und organisationstheoretische Grundlagen. In P. Bastian, A. Diepholz & E. Lindner (Hrsg.), *Frühe Hilfen für Familien und soziale Frühwarnsysteme*. (S. 35-58). Münster: Waxmann.

Holzer, B. (2008). Netzwerke und Systeme: Zum Verhältnis von Vernetzung und Differenzierung. In C. Stegbauer (Hrsg.), *Netzwerkanalyse und Netzwerktheorie: Ein neues Paradigma in den Sozialwissenschaften.* (S. 155-164). Wiesbaden: VS Verlag für Sozialwissenschaften.

Hussy, W., Schreier, M. & Echterhoff, G. (2010). *Forschungsmethoden in Psychologie und Sozialwissenschaften.* Berlin: Springer.

Kardoff, E. v. & Schönberger, C. (2010). Evaluationsforschung. In G. Mey & K. Mruck (Hrsg.), *Handbuch qualitative Forschung in der Psychologie.* (S. 367-381). Wiesbaden: VS Verlag für Sozialwissenschaften.

Kelle, U. (2007). *Die Integration qualitativer und quantitativer Methoden in der empirischen Sozialforschung: Theoretische Grundlagen und methodologische Konzepte.* Wiesbaden: VS Verlag für Sozialwissenschaften.

Kindler, H. (2006). Frühe Prävention von Kindesmisshandlung und -vernachlässigung: Ein internationaler Forschungsüberblick. *Kindesmisshandlung und -vernachlässigung,* 9, 23–47.

Kromrey, H. (2001). Evaluation – ein vielschichtiges Konzept: Begriff und Methodik von Evaluierung und Evaluationsforschung. Empfehlungen für die Praxis. *Sozialwissenschaften und Berufspraxis, 24-2,* 105-131.

Landgraf, M. (2009*). Evaluation und Umgang mit Kindern bei Verdacht auf Kindesmisshandlung im Zentrum für Frauen- und Kindermedizin Leipzig.* Zugriff am 12. Oktober 2011 unter http://www.leipzig.de/imperia/ md/content/51_jugendamt/hilfenzurerziehung/120809_landgraf.pdf

Lehnert, M. (2010). *Zusammenfassung der Netzwerkpartnerbefragungen in den Projektstandorten 2010.* Leipzig: Leipziger Institut für angewandte Weiterbildungsforschung e. V.

Lehnert, M. (2011). *Wissenschaftliche Begleitung: Netzwerke für Kinderschutz in Sachsen: Zwischenerhebung 2011.*. Leipzig: Leipziger Institut für angewandte Weiterbildungsforschung e. V.

Lengning, A. & Zimmermann, P. (2009). *Materialien zu Frühen Hilfen: Expertise: Interventions- und Präventionsmaßnahmen im Bereich Früher Hilfen: Internationaler Forschungsstand, Evaluationsstandards und Empfehlungen für die Umsetzung in Deutschland.* Köln: Nationales Zentrum Frühe Hilfen.

Mayring, P. (2002). *Einführung in die qualitative Sozialforschung: eine Anleitung zu qualitativem Denken.* Weinheim: Beltz.

Meier-Gräwe, U. & Wagenknecht, I. (2011). *Materialien zu Frühen Hilfen: Expertise: Kosten und Nutzen Früher Hilfen: Eine Kosten-Nutzen-Analyse im Projekt „Guter Start ins Kinderleben".* Köln: Nationales Zentrum Frühe Hilfen.

Ministerium für Arbeit, Soziales und Gesundheit des Landes Schleswig-Holstein. (2010). *Daten zur Kindeswohlgefährdung.* Kiel: Author.

Ministerium für Arbeit und Sozialordnung, Familien und Senioren Baden-Württemberg. (2010). *Kinderschutz und Frühe Hilfen.* Stuttgart: Author.

Müller-Brackmann, U. & Selbach, B. (2008). Das „Netzwerk Frühe Förderung"(NeFF). In H. Schubert (Hrsg.), *Netzwerkmanagment: Koordination von professionellen Vernetzungen – Grundlagen und Beispiele.* (S. 206-228). Wiesbaden: VS Verlag für Sozialwissenschaften.

Owen, H. (2001). *Open Space Technology: Ein Leitfaden für die Praxis.* Stuttgart: Klett-Cotta.

Porst, R. (2008). *Fragebogen: Ein Arbeitsbuch.* Wiesbaden: VS Verlag für Sozialwissenschaften.

Raab, J. (2010). Netzwerke und Netzwerkanalyse in der Organisationsfor-
schung. In C. Stegbauer & R. Häußling (Hrsg.), *Handbuch Netzwerkforschung.* (S. 575-586). Wiesbaden: VS Verlag für Sozialwissenschaften.

Raab-Steiner, E. & Benesch, M. (2008). *Der Fragebogen: Von der Forschungs-
idee zur SPSS-Auswertung.* Wien: UTB/BRO.

Rauh, H. (2002). Vorgeburtliche Entwicklung und Frühe Kindheit. In R. Oerter &
L. Montada (Hrsg.), *Entwicklungspsychologie.* (S. 131-208). Weinheim:
Beltz.

Reinhold, C. & Kindler, H. (2006). Gibt es Kinder die besonders von Kindeswohlgefährdung betroffen sind? In H. Kindler, S. Lillig, H. Blüml, T. Meysen
& A. Werner (Hrsg.), *Handbuch Kindeswohlgefährdung nach § 1666 BGB
und Allgemeiner Sozialer Dienst (ASD).* München: Deutsches Jugendinsti-
tut e. V., Kapitel 17.

Reynolds, A. J., Mathieson, L. C. & Topitzes, J. W. (2009). Do early childhood
interventions prevent child maltreatment? A review of research. *Child Maltreatment, 14,* 182–206.

Renner, I. & Heimeshoff, V. (2010). *Modellprojekte in den Ländern: Zusammen-
fassende Ergebnisdarstellung.* Köln: Nationales Zentrum Frühe Hilfen.

Roggman, L., Cook G., Peterson C. & Raikes H. (2008). Who drops out of Early
Head Start Home Visiting Programs? *Early Education and Development,
19,* 574-599.

Rost, J. (2004). *Lehrbuch Testtheorie – Testkonstruktion.* Bern: Huber.

Sächsisches Staatsministerium für Soziales. (2007). *Netzwerke für Kinderschutz in Sachsen.* Zugriff am 17. Dezember 2011 unter http://www.felsenweginstitut.de/download/prokind/rede_orosz.pdf

Schnell, R., Hill, P. B. & Esser, E. (1995). *Methoden der empirischen Sozialforschung.* München: R. Oldenbourg Verlag.

Schöllhorn, A., König, C., Künster, A. K., Fegert, J. M. & Ziegenhain, U. (2010). Lücken und Brücken. In I. Renner & A. Sann (Hrsg.), *Forschung und Praxisentwicklung Früher Hilfen: Modellprojekte begleitet vom Nationalen Zentrum Frühe Hilfen.* (S. 202-221). Köln: Nationales Zentrum Frühe Hilfen.

Scholz, S. (2011). *Entwicklung und Evaluation von interventiven Tools zur Verbesserung reflexiver Prozesse in Kitas.* Unveröffentlichte Diplomarbeit, Universität Leipzig.

Silverman, A. B., Reinherz, H. Z. & Giaconia, R. M. (1996). The long-term sequelae of child and adolescent abuse: A longitudinal community study. *Child abuse and neglect , 20,* 709-723.

Spieckermann, H. (2008). Netzwerkmanagment in einer „Lernenden Region". In H. Schubert (Hrsg.), *Netzwerkmanagment: Koordination von professionellen Vernetzungen – Grundlagen und Beispiele.* (S. 179-187). Wiesbaden: VS Verlag für Sozialwissenschaften.

Stadt Leipzig. (2009). *Leipziger Netzwerk für Kinderschutz „Vertrauensvoll miteinander für die Kinder unserer Stadt".* Zugriff am 4. Oktober 2011 unter http://www.leipzig.de/imperia/md/content/51_jugendamt/hilfenzurerziehung/pr__sentation_260109.pdf

Stadt Leipzig. (2012). *Leipziger Netzwerk für Kinderschutz und Frühe Hilfen.* Zugriff am 2. Februar 2012 unter http://www.leipzig.de/netzwerk-kinderschutz/

Stadt Leipzig, Der Oberbürgermeister & Jugendamt (Hrsg.). (2010). *Jugendhilfereport 2009*. Leipzig: Author.

Stegbauer, C. & Häußling, R. (Hrsg.). (2010). *Handbuch Netzwerkforschung*. Wiesbaden: VS Verlag für Sozialwissenschaften.

Stück, M. (2010). *Kinder, Forscher, Pädagogen: Frühe Bildung auf dem Prüfstand*. Strasburg: Schibri-Verlag.

Sullivan, P. M. & Knutson, J. F. (2000). Maltreatment and Disabilities: A Population-Based Epidemiological Study. *Child Abuse & Neglect, 24,* 1257–1273.

The NICHD Early Child Care Research Network (2005). *Child Care and Child Development: Results from the NICHD Study of Early Child Care and Youth Development*. New York: The Guilford Press.

Wottawa, H. & Thierau, H. (1998). *Lehrbuch Evaluation*. Bern: Huber.

Ziegenhain, U., Schöllhorn, A., Künster, A. K., Hofer, A., König, C. & Fegert, J. M. (2010). *Modellprojekt: Guter Start ins Kinderleben: Werkbuch Vernetzung: Chancen und Stolpersteine interdisziplinärer Kooperation und Vernetzung im Bereich Früher Hilfen und Kinderschutz*. Köln: Nationales Zentrum Frühe Hilfen.

ANHANGSVERZEICHNIS

Anhang 1   Fragebogen 2009

Anhang 2   Fragebogen 2012

Anhang 1

Sehr geehrte/r Netzwerkpartner/in!

Wie bereits per Email angekündigt, liegt Ihnen hiermit der **Evaluation**sbogen zu ausgewählten Aspekten des **Leipziger Netzwerks für Kinderschutz** vor. Mit dessen Hilfe sollen Stärken und Schwächen der Leipziger Netzwerkarbeit identifiziert werden, um Handlungsempfehlungen für eine noch bessere Zusammenarbeit geben zu können.

Aus diesem Grund bitte ich Sie, sich in den nächsten 7 Tagen ca. 15 min Zeit zu nehmen, um diesen Fragebogen vollständig auszufüllen. Für eine aussagekräftige Auswertung ist jede Antwort vonnöten. Ich werde den Fragebogen am **15.1. wieder bei Ihnen abholen**.

Die von Ihnen gemachten Angaben werden **vertraulich** behandelt und ausschließlich in **anonymisierter Form** an das Leipziger Netzwerk für Kinderschutz weitergegeben, so dass keinerlei Rückschlüsse auf Ihre Person oder Institution möglich sind.

Bei weitergehenden Fragen können Sie mich gern unter ….. kontaktieren.

Vielen Dank für Ihre Mitarbeit!

Mit freundlichen Grüßen,

Wenn Sie an die Arbeit im Leipziger Netzwerk für Kinderschutz denken, welche Dinge laufen in Ihren Augen bereits gut?

Wo gibt es noch Probleme?

Bitte beurteilen Sie nun auf einer Skala von 1 (gar nicht) bis 6 (voll und ganz) folgende Aspekte zur Struktur des Netzwerkes:

	gar nicht ← →					voll und ganz
1. Sind alle relevanten Akteure in Leipzig im Netzwerk vertreten?	1 ○	2 ○	3 ○	4 ○	5 ○	6 ○
2. Ist die Netzwerkstruktur effektiv?	1 ○	2 ○	3 ○	4 ○	5 ○	6 ○
3. Ist der Informationsaustausch zwischen den Partnern ausreichend gewährleistet?	1 ○	2 ○	3 ○	4 ○	5 ○	6 ○
4. Sind Sie mit der Art der Entscheidungsfindung im Netzwerk zufrieden?	1 ○	2 ○	3 ○	4 ○	5 ○	6 ○
5. Wie funktioniert die Zusammenarbeit der Netzwerkpartner?	1 ○	2 ○	3 ○	4 ○	5 ○	6 ○
6. Werden die einzelnen Professionen respektiert und anerkannt?	1 ○	2 ○	3 ○	4 ○	5 ○	6 ○
7. Verlaufen Diskussionen sachlich und konstruktiv?	1 ○	2 ○	3 ○	4 ○	5 ○	6 ○
8. Werden Konflikte angemessen analysiert und geklärt?	1 ○	2 ○	3 ○	4 ○	5 ○	6 ○
9. Herrscht das nötige Vertrauen unter den Netzwerkpartnern?	1 ○	2 ○	3 ○	4 ○	5 ○	6 ○

Wenn Sie eine oder mehrere der Fragen negativ beantwortet haben, erläutern Sie bitte unter Angabe der Fragennummer, was Ihrer Meinung nach in diesem Bereich noch fehlt und wie sich dies verbessern lässt:

Kommen wir nun zu den bisherigen Ergebnissen der Netzwerkarbeit. Beurteilen Sie diese bitte wiederum auf einer Skala von 1 (gar nicht) bis 6 (voll und ganz).

	gar nicht	←	→			voll und ganz
Existieren konkrete Ziele und Indikatoren zur Zielerreichung?	1 ○	2 ○	3 ○	4 ○	5 ○	6 ○
Entsprechen die Leistungen den Bedürfnissen der Zielgruppe?	1 ○	2 ○	3 ○	4 ○	5 ○	6 ○
In welchem Maße wird die Zielgruppe durch die Angebote erreicht?	1 ○	2 ○	3 ○	4 ○	5 ○	6 ○
Profitiert Ihre Institution von der Netzwerkarbeit?	1 ○	2 ○	3 ○	4 ○	5 ○	6 ○
Wie sehen Sie die Chancen zum dauerhaften Bestehen des Netzwerks?	1 ○	2 ○	3 ○	4 ○	5 ○	6 ○

Inwieweit wurden die konkreten Aufgaben des Leipziger Netzwerks für Kinderschutz bereits erreicht?

	gar nicht	⟵		⟶		voll und ganz
Aufbau eines standardisierten Informationssystems zwischen den Netzwerkpartnern	1 ◯	2 ◯	3 ◯	4 ◯	5 ◯	6 ◯
Aufbau einer vernetzten Angebots- und Kontaktübersicht	1 ◯	2 ◯	3 ◯	4 ◯	5 ◯	6 ◯
Aufbau/Ausbau/Sicherung einrichtungsinterner Verfahrensstandards bei Kindeswohlgefährdung	1 ◯	2 ◯	3 ◯	4 ◯	5 ◯	6 ◯
Aufbau/Ausbau/Sicherung geeigneter Hilfeangebote im frühpräventiven Bereich	1 ◯	2 ◯	3 ◯	4 ◯	5 ◯	6 ◯
Qualifizierung des Fachpersonals aller Netzwerkpartner	1 ◯	2 ◯	3 ◯	4 ◯	5 ◯	6 ◯

Welchen weiteren Aufgaben sollte sich das Netzwerk für Kinderschutz noch widmen?

Bitte kreuzen Sie an, wie zufrieden Sie mit der bisherigen Netzwerkarbeit sind:

weitere Anmerkungen:

Vielen Dank für Ihre Mitarbeit!!

UNIVERSITÄT LEIPZIG

Netzwerke für Kinderschutz
SACHSEN

Leipzig

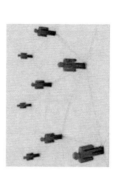

Sehr geehrte/r Netzwerkpartner/in!

Hiermit halten Sie den zweiten Evaluationsbogen zur Arbeit des Leipziger Netzwerks für Kinderschutz in den Händen. Ich möchte Sie herzlich bitten, sich in den nächsten zwei Wochen ca. 10 min Zeit zu nehmen und alle Fragen sorgfältig zu beantworten. Bringen Sie den ausgefüllten Fragebogen bitte zur Netzwerkkonferenz am 15.12. im Freizeittreff „Rabet" mit und geben ihn bei der Anmeldung an mich zurück. Wenn Sie an der Netzwerkkonferenz nicht teilnehmen werden, können Sie ihn bis Ende Dezember an das Sekretariat der Pädagogischen Psychologie, Frau Vetterlein, Institut für Psychologie, Seeburgstr. 14-20, 04103 Leipzig schicken.

Die Evaluation ist mit der Netzwerkkoordination abgesprochen und dient der Verbesserung der weiteren Zusammenarbeit.

All Ihre Angaben werden vertraulich behandelt und ausschließlich in anonymisierter Form an das Netzwerk für Kinderschutz weitergegeben.

Bei Fragen oder Anregungen können Sie mich gern unter ..... kontaktieren.

Mit freundlichen Grüßen,

Was ist Ihre Einschätzung zum Leipziger Netzwerk für Kinderschutz, welche Stärken und Schwächen besitzt es?

Worin liegen Ihrer Meinung nach die Ursachen dafür?

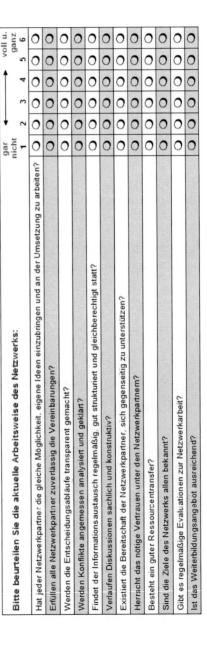

Bitte beurteilen Sie die aktuelle Arbeitsweise des Netzwerks:

	gar nicht 1	2	3	4	5	voll u. ganz 6
Hat jeder Netzwerkpartner die gleiche Möglichkeit, eigene Ideen einzubringen und an der Umsetzung zu arbeiten?	○	○	○	○	○	○
Erfüllen alle Netzwerkpartner zuverlässig die Vereinbarungen?	○	○	○	○	○	○
Werden die Entscheidungsabläufe transparent gemacht?	○	○	○	○	○	○
Werden Konflikte angemessen analysiert und geklärt?	○	○	○	○	○	○
Findet der Informationsaustausch regelmäßig, gut strukturiert und gleichberechtigt statt?	○	○	○	○	○	○
Verlaufen Diskussionen sachlich und konstruktiv?	○	○	○	○	○	○
Existiert die Bereitschaft der Netzwerkpartner, sich gegenseitig zu unterstützen?	○	○	○	○	○	○
Herrscht das nötige Vertrauen unter den Netzwerkpartnern?	○	○	○	○	○	○
Besteht ein guter Ressourcentransfer?	○	○	○	○	○	○
Sind die Ziele des Netzwerks allen bekannt?	○	○	○	○	○	○
Gibt es regelmäßige Evaluationen zur Netzwerkarbeit?	○	○	○	○	○	○
Ist das Weiterbildungsangebot ausreichend?	○	○	○	○	○	○

Bitte schätzen Sie die Ergebnisse der Netzwerkarbeit ein:

	gar nicht 1	2	3	4	5	voll u. ganz 6
Wurde die Zusammenarbeit der Netzwerkpartner über zuvor vorhandene Strukturen hinaus verbessert?	O	O	O	O	O	O
Konnten die Chancen für Kinder in Leipzig, gesund und gewaltfrei aufzuwachsen, erhöht werden?	O	O	O	O	O	O
Existiert für Problemfälle ein gut funktionierendes Hilfesystem?	O	O	O	O	O	O
Wurden die Angebote im Bereich der Frühen Hilfen in Leipzig durch das Netzwerk verbessert?	O	O	O	O	O	O
Werden die Angebote durch die Kooperation besser von den betroffenen Eltern angenommen?	O	O	O	O	O	O
Haben Sie mit Netzwerkpartnern gemeinsame, neue Angebote entwickelt?	O	O	O	O	O	O
Hat sich Ihre Kommunikation mit den Netzwerkpartnern durch die Zusammenarbeit verbessert?	O	O	O	O	O	O

Welche Verbesserungsvorschläge haben Sie für die Arbeit im Netzwerk?

Bitte kreuzen Sie an, wie zufrieden Sie mit der bisherigen Netzwerkarbeit sind:

Vielen Dank für Ihre Mitarbeit!